|培训教材类|

全国扶贫教育培训教材（第三批）

全国扶贫宣传教育中心　组织编写

扶贫扶志的理论与实践

李海金 等◎著

中国出版集团

研究出版社

图书在版编目（CIP）数据

扶贫扶志的理论与实践 / 国务院扶贫办政策法规司，全国扶贫宣传教育中心编. -- 北京：研究出版社，2021.5
ISBN 978-7-5199-0359-6

Ⅰ.①扶… Ⅱ.①国… ②全… Ⅲ.①扶贫－研究－中国 Ⅳ.①F126

中国版本图书馆CIP数据核字(2020)第067731号

扶贫扶志的理论与实践
FUPIN FUZHI DE LILUN YU SHIJIAN

全国扶贫宣传教育中心　组织编写

李海金　等◎著

焦方杨　巴且古铁　副主编

责任编辑：寇颖丹　执行编辑：朱唯唯

研究出版社 出版发行
（100011　北京市朝阳区安华里504号A座）

北京建宏印刷有限公司　新华书店经销

2021年5月第1版　2021年5月北京第一次印刷
开本：710毫米×1000毫米　1/16　印张：11.5
字数：141千字

ISBN 978-7-5199-0359-6　定价：42.00元

邮购地址100011　北京市朝阳区安华里504号A座
电话（010）64217619　64217612（发行中心）

版权所有·侵权必究
凡购买本社图书，如有印制质量问题，我社负责调换。

目录
CONTENTS

理 论 篇

研究背景 / 004

扶贫扶志的研究进展 / 005
一、精神贫困和精神扶贫的概念界定 / 005
二、精神贫困与其他概念的关系 / 009
三、精神贫困的表现、特征与类型 / 010
四、扶贫扶志或精神贫困的成因 / 013
五、扶贫扶志或精神扶贫的应对做法 / 014

扶贫扶志的基本认识 / 017
一、扶贫扶志的核心要点 / 017
二、扶贫扶志的突出问题 / 019
三、扶贫扶志的实现路径 / 020

扶贫扶志的问题指向：精神贫困的表现与类型 / 022

一、贫困人口的"等靠要"思想和"求粘赖"行为问题 / 022

二、区位劣势与贫困文化交织 / 022

三、贫困人口"自我意识缺位"现象问题 / 023

四、贫困农户参与扶贫政策和项目的意愿问题 / 024

扶贫扶志的实现路径 / 025

一、开展教育培训 / 025

二、典型示范引领 / 027

三、改进帮扶方式 / 027

四、推进移风易俗 / 028

五、强化基层党组织政治功能 / 029

扶贫扶志的政策思考 / 031

一、精神文化层面：扶心扶知，激发贫困农民脱贫致富的
自主性与能动性 / 031

二、政策执行层面：聚焦贫困人口需求，调整帮扶方式，引导贫困人口参与，提升精准扶贫政策与贫困地区实情的契合度 / 032

三、社会治理层面：依托基层社会组织，重建贫困人口与乡村社会的
社会联结 / 034

四、机制创新层面：宣传宣讲典型人物和事迹，发挥脱贫致富示范带
动作用 / 035

五、组织创新层面：发挥社会组织纽带作用，培养社区工作队伍 / 036

实践篇

以农民讲习所为依托开展扶志教育 / 041
——贵州省毕节市新时代农民（市民）讲习所

一、背景 / 041

二、运行过程：谁组织、谁来讲、讲什么、怎么讲 / 042

三、实施效果："讲""习"并重、知行合一 / 049

四、基本经验 / 051

以农民夜校推动扶贫教育培训 / 054
——海南省"电视＋夜校＋热线"扶贫教育模式

一、背景与概况 / 054

二、以农民夜校推动扶志教育的过程与特点 / 056

三、经验与启示 / 061

以创业致富带头人带领群众脱贫致富 / 065
——江西省石城县"党建＋创业致富带头人"培育

一、基本概况 / 065

二、创业致富带头人培育的实现机制与效果 / 066

三、经验与启示 / 074

以重塑贫困人口信用观念破解诚信困境 / 076
——宁夏回族自治区固原市蔡川村金融扶贫创新

一、缘起与概况 / 076

二、"蔡川模式"的主要内容与特点 / 078

三、经验与启示 / 084

以"歇帮"机制惩戒不良行为 / 087
——四川省屏山县帮扶机制创新

一、问题与背景 / 087

二、"歇帮"机制的政策体系与实施过程 / 088

三、经验与启示 / 095

以优秀传统文化应对精神贫困 / 097
——山东省济宁市、临沂市精神扶贫行动

一、背景 / 097

二、主要举措与效果 / 098

三、经验与启示 / 108

以红色文化助力扶贫扶志行动 / 111
——河南省林州市红旗渠精神

一、背景与概况 / 111

二、主要做法与成效 / 113

三、经验与启示 / 120

以红色电商引导贫困人口创业就业 / 123
　　——江苏省宿迁市"支部+电商"乡村发展模式

一、背景与概况 / 123

二、"支部+电商"乡村发展模式的过程与特点 / 124

三、经验与启示 / 129

以多措并举应对贫困人口内生动力不足难题 / 132
　　——四川省南充市的实践与经验

一、问题与背景 / 132

二、主要举措与效果 / 133

三、经验与启示 / 141

深度贫困地区如何开展扶贫扶志行动 / 146
　　——来自四川省凉山州的实践与探索

一、深度贫困地区为何更需开展扶贫扶志行动 / 146

二、四川省凉山州脱贫攻坚面临的困境与挑战 / 148

三、四川省凉山州扶贫扶志行动的主要举措 / 149

四、四川省凉山州扶贫扶志行动的实际成效 / 155

五、思考与认识 / 157

总结与结论 / 160

一、聚焦"两业"发展，实现可持续生计 / 161

二、赋能贫困人口，应对能力贫困难题 / 162

三、考量多维贫困，推进整体性治理 / 163

四、凸显贫困人口主体性，实施类型化治理 / 164

五、消解贫困文化，阻断贫困代际传递 / 165

参考文献 / 167

理 论 篇

随着脱贫攻坚工作逐步向纵深推进，贫困人口的主体性成为一项核心议题，即如何激发贫困人口内生动力，调动贫困人口主观能动性，实现扶贫扶志有机结合，参与脱贫致富进程，提升自我发展能力。习近平总书记在2018年2月召开的打好精准脱贫攻坚战座谈会上强调要"注重激发内生动力"，并指出"贫困群众既是脱贫攻坚的对象，更是脱贫致富的主体。要加强扶贫同扶志、扶智相结合，激发贫困群众积极性和主动性，激励和引导他们靠自己的努力改变命运，使脱贫具有可持续的内生动力"。[1] 2018年6月，《中共中央、国务院关于打赢脱贫攻坚战三年行动的指导意见》指出，将坚持扶贫同扶志、扶智相结合作为工作要求之一，要"正确处理外部帮扶和贫困群众自身努力的关系，强化脱贫光荣导向，更加注重培养贫困群众依靠自力更生实现脱贫致富的意识，更加注重提高贫困地区和贫困人口自我发展能力"，[2] 并将开展扶贫扶志行动作为强化到村到户到人精准帮扶的十大举措之一，提出了多条行动要求。2018年10月，国务院扶贫办联合中组部、中宣部等12个部门出台《关于开展扶贫扶志行动的意见》，结合进一步加强扶贫扶志工作和激发贫困群众内生动力，从总体要求、目标任务、实际举措、保障措施等层面提出了明确、具体、操作性很强的指

---

[1] 中共中央党史和文献研究院编：《习近平扶贫论述摘编》，中央文献出版社2018年版，第143页。
[2] 《中共中央、国务院关于打赢脱贫攻坚战三年行动的指导意见》，《人民日报》2018年8月20日。

导意见。①

可见，扶贫扶志问题成为今后一段时间内脱贫攻坚的重点关注点。当然，如何实现扶贫扶志有机结合是一项牵涉到社会、文化、心理以及扶贫体制、机制、政策等层面的系统工程，需要综合运用实地调查、政策分析和理论研究等多种研究工具开展综合性探讨。

---

① 国务院扶贫开发领导小组办公室：《关于开展扶贫扶志行动的意见》，http://www.cpad.gov.cn/art/2018/11/19/art_46_91266.html。

研究背景

改革开放以来，中国扶贫开发战略与政策体系是以开发式扶贫为主并以贫困地区、贫困县、贫困村为扶持对象，贫困县和贫困村作为研究的中心，在精准扶贫、精准脱贫的背景下，贫困研究更加突出人的要素，重视贫困人口的主体地位和主位视角，围绕贫困群体的认知、心理、行为等开展实证调查和学理解释。目前，关于扶贫扶志这一命题的学术研究主要是从三大核心研究主题展开的：

一是文化贫困问题和贫困文化理论。其核心观点是贫困人群在长期贫困陷阱中形成了某种独特的文化观念和生活方式，这种贫困亚文化导致贫困者缺乏自我脱贫动力和抓住脱贫机会的能力。

二是精神贫困现象和精神扶贫研究。学者们一般从思维方式、价值观念、行为方式三个层面以志向与行为两个维度对精神贫困现象的产生机理和应对策略进行解释与分析。

三是教育贫困、长期贫困和贫困代际传递研究。教育贫困（有学者提出更具包容性的知识贫困概念[1]）主要关注因教因学致贫返贫问题，其指向是扶贫与扶智相结合、阻断贫困代际传递。长期贫困和贫困代际传递是中外学术界较为关注的论题，已有较多的学术积累，并且对贫困人口摆脱贫困陷阱的路径与机制也提出了相应的学理解释。

---

[1] 胡鞍钢、李春波：《新世纪的新贫困：知识贫困》，《中国社会科学》2001年第3期。

扶贫扶志的研究进展

一、精神贫困和精神扶贫的概念界定

（一）精神贫困的概念

贫困是一种复杂的社会现象。自18世纪贫困课题研究兴起以来，国际上产生了政治、经济、文化、制度、环境、心理等多重视角对贫困进行界定和解释。有关贫困状态表象的言论也从人类生存的物质、经济等单一维度逐步扩展到能力、权利、文化、社会排斥等多维度。贫困不再仅仅被视为单一的经济现象或文化现象，而表现为社会物质生活和精神文化生活匮乏的综合现象。[1]

毫无疑问，贫困首先是一种物质贫穷、苦难状态，不过在更深层意义上，尤其是从贫困为何产生、又如何延续等层面来审视，贫困则往往与贫困人口的精神、思想、观念乃至文化形态联结在一起，这一点在代际贫困、群体贫困以及区域性、整体性贫困样态中尤为明显。为此，我们需要对精神贫困现象和问题展开深入研究。从发生学来看，精神贫困是贫困产生的深层原因，已导致欠发达地区长期落入贫困陷阱，是制约欠发达地区可持续发展的深层原因和关键障碍。

---

[1] 黄承伟、刘欣、周晶：《鉴往知来：十八世纪以来国际贫困与反贫困理论评述》，广西人民出版社2017年版。

总而言之，目前在心理学、社会学、行为科学以及精神文化方面的论述中对精神贫困的概念都有界定，但其分析角度和核心观点却有所差异。

从心理学角度看，精神贫困主要涉及心理健康的状态，即人在思维、意识方面的不健全、不健康。其具体表现有：面对来自各方面的困扰和压力所产生的不同的心理障碍，精神空虚没有理想、胸无大志、自卑，没有积极向上和豁达的生活态度，缺乏战胜困难的勇气，遇事敏感且束手无策等。① 当然，从发展脉络来看，精神贫困的心理也是与其经济基础相一致的。由于经济贫困呈现出来的观念倾斜，使其精神上处于一种亚健康的状态，主要表现为思想上、心理上的扭曲现象。②

从社会学的角度看，精神贫困既是一个有多层次、多内涵的丰富概念，同时也是一种深层次的、综合性的社会贫困现象，是相对于社会发展、社会进步和社会要求的动态范畴。③ 当然，精神贫困的社会学意涵是与贫困的社会属性紧密相连的。立足于反思现代性和发展主义的立场，贫困尽管是一种经济性、实体性存在，但更多的则是一种社会性存在。"贫困是一种严酷的社会事实，是一种客观的现实存在；贫困也是一种公众的社会评价，是一种主观的价值判断；贫困还是一种不良的政策后果，是一种难愈的社会弊病。"④ 而贫困的社会建构性考察的是从社会实体论抑或社会关系论来辨识贫困问题。"作为现代社会的一种普遍'常识'，即以物质财富占有的多寡能否满足人类的需要，贫

---

① 王宗礼：《精神扶贫：培育扶贫开发新动能》，《社科纵横》2017年第9期。
② 韦国善：《当今农村贫困大学生精神贫困现象的探析》，《湖北经济学院学报（人文社会科学版）》2009年第3期。
③ 罗浩波：《欠发达地区精神贫困问题的理性思考——以陕西西部欠发达县区为例》，《宝鸡文理学院学报（社会科学版）》2005年第6期。
④ 唐钧：《精准扶贫需在"可持续"上狠下功夫》，《人民论坛》2017年第1期。

困所呈现和描述的并非完全是一种纯粹的自然状态,而是在很大程度上代表了一种现代文明的建构。贫困究其本质,是一种社会性的存在,是人与人关系、地位的表达。"[1]

从行为科学的角度看,精神贫困反映为贫困人口志向缺乏、信念消极和行为决策的非理性行为表现,其本质是个体失灵的结果。[2] 实际上,精神贫困既反映了人的追求、人的信念等价值理性认识的偏差,也反映了人的基本生存和发展能力等工具理性认识的缺失。[3]

从精神文化的角度看,精神贫困是贫困人口在精神文化方面的一个重要特征。[4] 从文化认同的角度来看,精神贫困主要是指个人或群体对积极向上的精神生活的需要和认同程度,明显低于群体中其他多数成员的需要和认同程度。[5]

从综合性、系统性维度来看,精神贫困可以界定为因种种发展障碍和制约因素造成的某一社会群体或个人在思想道德素质、文化知识水平、价值观念、价值取向、风俗习惯、思维方式、行为方式上落后于社会主要物质生产方式,以致影响物质生活资料获得和精神生活需

---

[1] 张帆:《现代性语境中的贫困与反贫困》,人民出版社2009年版,第19页。
[2] 杭承政、胡鞍钢:《"精神贫困"现象的实质是个体失灵——来自行为科学的视角》,《国家行政学院学报》2017年第4期。
[3] 杨云峰:《欠发达地区的精神贫困探析》,《宁夏大学学报(人文社会科学版)》2003年第2期。
[4] 余德华:《精神贫困对欠发达地区脱贫的影响》,《贵州社会科学》2003年第1期。
[5] 朱华晔:《"精神贫困"的概念辨析》,《经济研究导刊》2011年第28期;甄喜善:《分层推进精神扶贫》,《社科纵横》2017年第9期。

求满足的生存状态。①

（二）精神扶贫的概念

立足于唯物辩证法的角度，精神扶贫以独立自主的自尊心为第一要义，以自信心为核心要义，以智力扶贫为重要支撑，以滴水穿石、久久为功的韧劲为根本保障，以新发展理念为重要构件，避免穷与愚、穷与懒、穷与落后三个恶性循环。②

在应对策略层面，精神扶贫实质上是通过引导贫困者的主观世界，充分调动贫困者的自我能动性，走出一条我要脱贫、自我脱贫的致富之路，说到底是要消灭一种贫困文化。③换言之，精神扶贫主要是通过文化教育、观念渗透、技能培训等工具和手段，使贫困人口的素质得以提高的政策干预过程。④

在具体操作层面，精神扶贫就是通过各级组织和帮扶人员的努力，激发广大贫困群体形成自力更生、自立自强的主体意识，摆脱贫困、追求幸福的主动愿望，迎难而上、积极作为的主观态度，顽强拼搏、勤劳致富的主要精神，促使贫困群众从根子上摘掉贫穷帽子，与全国人民一起进入全面小康社会，过上有尊严、有地位、有品质的幸福美好生活。⑤精神扶贫是一种重要的软实力，持续有效地开展就会逐渐彰显出巨大的

---

① 余德华、麻朝晖：《欠发达地区的精神贫困与精神脱贫思路探析》，《社会科学》2001年第2期；黄颖：《摆脱"精神的贫困"——新时期贫困者精神脱贫的思考》，《法制与社会》2012年第33期；张玉平、骆素莹、田胜：《在精准扶贫视阈下农村精神贫困问题的调查研究》，《农村经济与科技》2017年第7期。
② 赵秀华：《论"精神扶贫"的知行渊源及本质内涵》，《福建行政学院学报》2016年第6期；马进、王瑞萍：《以唯物辩证法指导精神扶贫》，《社科纵横》2017年第9期。
③ 成兆文：《精神扶贫是精准扶贫的应有之义》，《社科纵横》2017年第9期。
④ 汪玉峰：《农村贫困治理背景下精神扶贫及其模式构建》，《社科纵横》2017年第9期。
⑤ 魏立平：《精神扶贫的内在学理与实现方式探讨》，《社科纵横》2017年第9期。

精神力量，进而转化为贫困者战胜困难、实现致富奔小康的现实。

二、精神贫困与其他概念的关系

精神贫困是一个相对的概念，与物质贫困是相辅相成的关系。同时，精神贫困与文化贫困在内涵与外延上既具有共通性，也存在一定的差异性。因此，为了更精准地理解精神贫困，有必要厘清精神贫困与物质贫困、文化贫困概念之间的关系。

一是物质贫困与精神贫困的关系。精神贫困与物质贫困之间没有必然的因果联系，物质贫困和精神贫困是反映贫困不同特征的两个具体的表现形态。[1] 精神贫困是物质贫困的直接后果和人文表现，同时，又是物质贫困产生的主要根源。[2] 所以，精神贫困是一种比物质贫困更隐蔽、更难根除的社会现象。

二是文化贫困与精神贫困的关系。精神贫困在一定程度上可视为文化贫困。在此，需要对文化贫困和贫困文化的概念进行区分。所谓贫困文化，是指贫困阶层具有的一种独特生活方式，它主要是指长期生活在贫困之中的一群人的行为方式、习惯、风俗、心理定势、生活态度和价值观等非物质形式。而文化贫困指的是特定文化的一种低水平低层次的状态或特征。这其中分为两类，一类是绝对文化贫困，是指人们对文化的占有量严重匮乏，不能维持最基本的日常文化生活。

---

[1] 朱华晔：《"精神贫困"的概念辨析》，《经济研究导刊》2011年第28期；甄喜善：《分层推进精神扶贫》，《社科纵横》2017年第9期。
[2] 余德华：《论精神贫困》，《哲学研究》2002年第12期；罗浩波：《欠发达地区精神贫困问题的理性思考——以陕西西部欠发达县区为例》，《宝鸡文理学院学报（社会科学版）》2005年第6期；黄颖：《摆脱"精神的贫困"——新时期贫困者精神脱贫的思考》，《法制与社会》2012年第33期。

另一类指的是相对文化贫困，是指一定社会的文化与社会、经济的发展不相适应，文化对社会的协调和制约功能弱化或丧失。从广义上来说，精神贫困属于文化贫困的一个表现方面，文化贫困是精神贫困产生的根源和生长的土壤。

此外，有学者指出应该对精神贫困与能力贫困、心理健康问题进行区分：能力贫困是指人获取收入或物质生活资料的能力，心理健康问题是一个医学的概念，精神贫困是一个哲学或社会学上的概念。[1]

三、精神贫困的表现、特征与类型

（一）精神贫困的主要表现

关于精神贫困的表现，程肇基指出，精神贫困主要表现为相对剥夺感比较强烈、人生目标感比较模糊以及生活认知感普遍消极。[2]徐辉提出，精神贫困在组织运行过程中的表现主要包括：缺乏共同愿景、团队精神、和谐精神以及服务精神。王尚银则将精神贫困的表现表述为八个方面：一是处于文盲或半文盲状态，此类人群几乎无求知欲或求知欲极低，认为有无知识，对生活无关紧要；二是思维迟钝，不易接受新事物，对社会变化反应呆滞，思想保守、习惯于旧式生活，对旧传统习俗的承接率很高；三是对生产兴趣弱化，无劳动积极性，守旧、等待、依靠"救世主"的心理特征较为明显；四是精神空虚、对生活缺乏信心，得过且过，没有人生理想和追求，没有进取精神；五是没有基本的文化娱乐设施；六是价值观念陈旧，观念更新极慢；七

---

[1] 朱华晔：《"精神贫困"的概念辨析》，《经济研究导刊》2011年第28期。
[2] 程肇基：《精神扶贫：一个亟待关注的精准扶贫新领域》，《江西社会科学》2016年第11期。

是情绪低落、沮丧，自卑感强；八是行为松散、懒惰。①

在扶贫开发不断地深入推进过程中，一部分人表现出"穷占便宜富吃亏"的思想；一部分人认为"扶贫就是给钱"，不给钱就认为不是扶贫；还有极个别农民越穷越懒、越懒越散、越散越穷，正所谓"马瘦不吃草，人穷不起早"，坐等救济。具体而言，精神贫困表现为"无为"、懒散、消极为特征的精神面貌。落后的贫困价值观，轻视教育与智力开发，存在文化愚昧、严重缺乏农业科技知识，大量"科盲"。②

在当前脱贫攻坚进程中，贫困人口的精神贫困主要表现为：脱贫主动性不足，"等靠要"思想严重，没有很强的自我发展意愿。即便一部分人有脱贫的愿望，也缺乏自主的精神、理性精神和长远打算，同时缺乏改变自身处境所需要的积极性和紧迫感。③

当然，立足于不同的观察视角，精神贫困的具体表现和社会影响存在一定程度的差别。从扶贫主体的角度来看，救济式扶贫助长了贫困群体的依赖性，使贫困人口缺乏脱贫的精神动力和智力支持，表现在主观能动性不强导致僵化麻木、内在积极性不高导致封闭保守、态度不端正导致懒惰散漫、需要不正确导致"等靠要"等思想。④从经济社会发展的角度来看，精神贫困的存在对贫困人口的脱贫致富起着严重的阻碍作用，阻碍了农村经济发展的步伐，影响贫困地区市场经济

---

① 王尚银：《精神贫困初探》，《贵州民族学院学报（哲学社会科学版）》2000年第1期。
② 陈依元：《论贫困地区农民的精神"脱贫"》，《衡阳师专学报（社会科学版）》1990年第1期。
③ 汪三贵：《以精准扶贫实现精准脱贫》，《中国国情国力》2016年第4期；王宗礼：《精神扶贫：培育扶贫开发新动能》，《社科纵横》2017年第9期。
④ 余德华：《精神贫困对欠发达地区脱贫的影响》，《贵州社会科学》2003年第1期；罗浩波：《欠发达地区精神贫困问题的理性思考——以陕西西部欠发达县区为例》，《宝鸡文理学院学报（社会科学版）》2005年第6期。

体制建设的进程。① 从人类文明的角度来看，精神贫困阻碍物质文明和精神文明建设，延缓了人类的现代化进程。②

（二）精神贫困的基本特征

关于精神贫困的特征，王尚银认为精神贫困具有伴随物质贫困而存在，集中于少数民族地区、边远农村，顽固性和隐蔽性四个特征。③ 麻朝晖将其归纳为隐蔽性、非量化性、综合复杂性、持久性四个特征。④ 余德华、麻朝晖概括为社会历史性、动态变化性、相对独立性、综合复杂性。⑤ 张玉平等指出其特征主要有承袭性、稳定性、深层次性、隐蔽性、长期性。⑥ 罗浩波将其归纳为社会历史性、动态变化性、相对独立性、综合复杂性、承袭稳定性、深层隐蔽性、长期性七个特征。⑦

（三）精神贫困的主要类型

关于精神贫困的类型划分，朱华晔从五个维度进行分类：一是从精神贫困的主体维度划分为个人精神贫困、群体精神贫困和社会精神贫困；二是从精神贫困的形成原因维度划分为物质型、能力型、社会型和家庭型精神贫困；三是从精神贫困的表征维度划分为自卑忧郁、敏感偏激、妒忌猜疑、狂妄自大以及空虚无聊等精神贫困；四是从精神贫困的内容维度划分为马克思主义、宗教、创业创新、职业等精神贫困；五是

---

①⑥ 张玉平、罗素莹、田胜：《农村精神贫困调查：现状、成因及其消除》，《学习月刊》2017年第4期。
②③ 王尚银：《精神贫困初探》，《贵州民族学院学报（哲学社会科学版）》2000年第1期。
④ 余德华、麻朝晖：《欠发达地区的精神贫困与精神脱贫思路探析》，《社会科学》2001年第2期。
⑤ 余德华：《精神贫困对欠发达地区脱贫的影响》，《贵州社会科学》2003年第1期。
⑦ 罗浩波：《欠发达地区精神贫困问题的理性思考——以陕西西部欠发达县区为例》，《宝鸡文理学院学报（社会科学版）》2005年第6期。

从精神贫困的社会危害程度划分为轻度、中度和重度精神贫困。[①]

甄喜善按照精神贫困的层次，将其分为自信心贫困、文化贫困、观念和思想认识贫困、自主性贫困以及能力和方法技能贫困。[②]

张玉平等按照精神贫困的表现将其分为三类：一类是盲目敬畏自然，相信生死有命，富贵在天；一类是知足常乐，安守贫困；还有一类是懒惰。[③]

四、扶贫扶志或精神贫困的成因

精神贫困是物质因素、教育因素、社会因素等多因素协同作用的结果。姜晓辉将精神贫困的致因归纳为经济、教育、自然条件、文化传统、社会发育程度等五个因素。[④]

黄颖从经济、文化和制度三个视角对精神贫困的成因进行了分析：从经济视角看，经济的发展提高了人的精神需求；从文化视角看，贫困是转型的一种阻力；从制度视角看，主要是贫困治理模式的局限性。[⑤]王尚银则认为物质贫困是根本导因，教科文的不发达是重要的直接原因，自然环境条件差、土地贫瘠是精神贫困形成的外在推动力，人口过多、负荷过重是精神贫困形成的一大社会原因，还有长期小生

[①] 朱华晔：《"精神贫困"的概念辨析》，《经济研究导刊》2011年第28期。
[②] 甄喜善：《分层推进精神扶贫》，《社科纵横》2017年第9期。
[③] 张玉平、罗素莹、田胜：《农村精神贫困调查：现状、成因及其消除》，《学习月刊》2017年第4期。
[④] 姜晓辉：《对贫困大学生"精神脱贫"的一点思考》，《牡丹江师范学院学报（哲学社会科学版）》2009年第6期。
[⑤] 黄颖：《摆脱"精神的贫困"——新时期贫困者精神脱贫的思考》，《法制与社会》2012年第33期。

产形成的封闭性，以及旧传统习惯和旧观念的惯性影响。[1]

刘辉也提出精神贫困产生的原因是多方面的，从发展上看，一些家庭由于地处偏远，与现代经济和生活状态脱节，长期处于贫困状态，因而选择了消极应对。从教育上看，有些人因为受教育程度不高，综合素质较低，思想得不到解放，又缺乏脱贫的技能，对当前生活状况不思改变。从文化上看，部分地区的习俗文化也对贫困人口的观念产生了一些消极影响，还有一些地区村风村貌总体较差，好逸恶劳、贪占小便宜等不良风气占上风。

此外，余德华、麻朝晖认为是欠发达地区的干部和群众的精神素质没有得到根本改变和提升，他们缺少一种发自心底的脱贫致富奔小康的精神动力和内在需求。[2]

五、扶贫扶志或精神扶贫的应对做法

学者们从经济援助、社会融合、文化建设、制度变革的角度对精神扶贫的做法进行了阐述。[3] 程肇基指出在精神扶贫实施过程中，要做到三个方面的结合：精神扶贫与物质扶贫相结合、精神扶贫与心理关怀相结合以及精神扶贫与队伍建设相结合。[4]

---

[1] 王尚银：《精神贫困初探》，《贵州民族学院学报（哲学社会科学版）》2000年第1期。
[2] 余德华、麻朝晖：《欠发达地区的精神贫困与精神脱贫思路探析》，《社会科学》2001年第2期。
[3] 黄颖：《摆脱"精神的贫困"——新时期贫困者精神脱贫的思考》，《法制与社会》2012年第33期；刘贵祥、王小宁：《论"精神扶贫"三部曲》，《社科纵横》2017年第9期；陈永胜：《以深入开展"精神扶贫"为抓手打造甘肃精准扶贫2.0升级版》，《社科纵横》2017年第9期。
[4] 程肇基：《精神扶贫：一个亟待关注的精准扶贫新领域》，《江西社会科学》2016年第11期。

具体而言，对于精神扶贫的做法，从精神扶贫的主体来看，一方面需要强化基层广大干部群众对"精神扶贫"的认识，做到以文化人、以德育人，[1]打造具有专业知识的扶贫队伍，为贫困群体提供引导和教育；另一方面要树立贫困群体的主体意识，加强对贫困人员主体意识的培养。同时，必须从贫困的主体——"人"入手，以人为中心，积极推进贫困人口的社会参与，提升贫困人口的自信心和参与效能感。[2]对于精神贫困的政策干预，就是要采取行为政策使"缺志"转为"有志"，使非理性变为理性。干预的核心在于对微观个体的关注和重视。通过加快反贫困，使贫困主体向多元化转型，重视贫困主体的参与，形成"政府宏观指导、个人主导参与、社会共同合作"的三足鼎立格局。[3]

从内容来看，余德华、麻朝晖指出精神扶贫要从三个方面着力：以贫困主体积极自主的脱贫精神为内在驱动力，发展文化教育事业，推动新的生活方式和价值观念的形成。[4]精神扶贫归根到底是一个转变观念的过程，要想精神扶贫首先就要实行观念扶贫。为此，要从人的观念入手，树立先进的观念，引导和改变贫困群体的思想观念，解放其思想。莫光辉等立足于人文主义的分析视角，提出扶贫先扶智、扶贫需扶志、扶贫依靠脱贫产业、基层党建促脱贫、创造脱贫致富条件等内外因结合的贫困人口扶志扶智创新路径。[5]

---

[1] 王学俭：《推进精神扶贫的路径选择》，《社科纵横》2017年第9期。
[2] 辛秋水：《文化扶贫的发展过程和历史价值》，《福建论坛（人文社会科学版）》2010年第3期。
[3] 杭承政、胡鞍钢：《"精神贫困"现象的实质是个体失灵——来自行为科学的视角》，《国家行政学院学报》2017年第4期。
[4] 余德华、麻朝晖：《欠发达地区的精神贫困与精神脱贫思路探析》，《社会科学》2001年第2期。
[5] 莫光辉、张菁：《基于"人本主义"视角的贫困人口扶志扶智路径创新》，《中共中央党校学报》2018年第3期。

从具体的方式方法来看，首先是发展经济，创造消除精神贫困的物质条件，这是治理的根本出路，也是精神脱贫的前提和基础。[①] 其次是要将扶志与扶智相结合：一方面"治穷先治愚，扶贫先扶志"，扶志就是扶思想、扶观念、扶信心，帮助贫困群众树立起摆脱困境的斗志和勇气；另一方面则是发展教育，即扶智。教育是精神扶贫的根本抓手，是阻断贫困代际传递的治本之策，要提高教育水平，转变思想观念，提升综合素质和能力。再次，可通过成功典型示范激发贫困群众改变自身贫困现状的强烈愿望和信心，宣扬劳动致富、致富有理的基本理念。最后，通过加强精神文明建设，提倡和树立新风尚。

实质上，精神扶贫是一项系统工程，需要从多个层面、多个维度寻找系统性、综合性的应对方案和策略。基于实践考察与政策分析，扶贫脱贫动力机制的创新和培育、重塑信心信念、尊重贫困群众的主体性、吸纳贫困人口的参与、建立扶贫主客体的平等合作关系、推进扶贫改革创新是最为关键的内容。[②]

[①] 杨建晓:《贫困地区的精神贫困与精神脱贫思路探析》，《安顺学院学报》2017年第1期。
[②] 张琦、刘欣:《加强"精神扶贫" 助推脱贫攻坚质量提升》，《国家治理》2018年第5期。

扶贫扶志的基本认识

如何发挥贫困群众主体作用，实现扶贫扶志有机结合，成为脱贫攻坚阶段打赢打好脱贫攻坚战的一个重点关注的领域。为此，以习近平同志为核心的党中央高度重视贫困人口的主体作用和内生动力，提出了许多新思想新观点，丰富完善了脱贫攻坚战略和政策体系。在习近平总书记关于扶贫的重要论述中，扶贫扶志是一项非常重要的内容。为此，我们试图从是什么、为什么、怎么办三个层面梳理习近平总书记关于扶贫扶志的重要论述，并以此为基础，阐述与分析扶贫扶志的基本认识和要点。

一、扶贫扶志的核心要点

2012年12月29日，习近平总书记在河北省阜平县考察扶贫开发工作时就提出，贫困地区发展要靠内生动力，如果凭空救济出一个新村，简单改变村容村貌，内在活力不行，劳动力不能回流，没有经济上的持续来源，这个地方下一步发展还是问题。

其后，在2014年中央经济工作会议、2015年中央扶贫开发工作会议、2016年东西部扶贫协作座谈会、中共中央政治局第三十九次集体学习、2017年深度贫困地区脱贫攻坚座谈会以及2017年中央农村工作会议上都对培育内生动力作出了深入、系统的阐述。

2018年2月12日，在打好精准脱贫攻坚战座谈会上，习近平总书记提出，坚持群众主体、激发内生动力。脱贫攻坚，群众动力是基础。必须坚持依靠人民群众，充分调动贫困群众积极性、主动性、创造性，坚持扶贫和扶志、扶智相结合，正确处理外部帮扶和贫困群众自身努力关系，培育贫困群众依靠自力更生实现脱贫致富意识，培养贫困群众发展生产和务工经商技能，组织、引导、支持贫困群众用自己辛勤劳动实现脱贫致富，用人民群众的内生动力支撑脱贫攻坚。贫困群众既是脱贫攻坚的对象，更是脱贫致富的主体。要加强扶贫同扶志、扶智相结合，激发贫困群众积极性和主动性，激励和引导他们靠自己的努力改变命运，使脱贫具有可持续的内生动力。

从习近平总书记关于扶贫扶志的重要论述中我们可以发现，扶贫扶志的核心要点主要包括以下三个层面：

一是贫困人口主体性层面，贫困人口是脱贫致富的主体，贫困人口的内生动力是脱贫攻坚的基础。习近平总书记多次强调"贫困群众既是脱贫攻坚的对象，更是脱贫致富的主体"，[1]并从以人民为中心的思想高度阐述了扶贫扶志结合的重要性，"群众参与是基础，脱贫攻坚必须依靠人民群众，组织和支持贫困群众自力更生，发挥人民群众主动性"。[2]

二是可持续脱贫层面，贫困人口是可持续脱贫的根本，贫困人口

---

[1] 中共中央党史和文献研究院编：《习近平扶贫论述摘编》，中央文献出版社2018年版，第134页。
[2] 中共中央党史和文献研究院编：《习近平扶贫论述摘编》，中央文献出版社2018年版，第140页。

的内生动力是可持续脱贫的关键。"要激发贫困人口内生动力，把扶贫和扶志、扶智结合起来，把救急纾困和内生脱贫结合起来，把发展短平快项目和培育特色产业结合起来，变输血为造血，实现可持续稳固脱贫。"[1]"要加强扶贫同扶志、扶智相结合，激发贫困群众积极性和主动性，激励和引导他们靠自己的努力改变命运，使脱贫具有可持续的内生动力。"[2]

三是脱贫质量层面，培育内生动力是提高脱贫质量的核心。"要端正思想认识，树立正确政绩观，注重扶贫同扶志、扶智相结合，把提高脱贫质量放在首位，把激发贫困人口内生动力、增强发展能力作为根本举措。"[3]

二、扶贫扶志的突出问题

扶贫扶志，既具有明确的问题指向，也具有深刻的逻辑基础和内在动因。扶贫扶志的提出与各地在扶贫过程中所出现的一些不良现象和行为有关。

其突出问题主要有：

一是固守传统的工作方式方法，不注重对帮扶方式和脱贫手段的创新变革，导致政策"养懒汉"和贫困人口的福利依赖。"一些地方虽然瞄准了贫困户，但还是老办法老路子，就是简单的给钱给物，在调动贫困群众脱贫积极性、激活内生动力上做得不够，发展方式也没有

---

[1] 中共中央党史和文献研究院编：《习近平扶贫论述摘编》，中央文献出版社2018年版，第142页。
[2][3] 中共中央党史和文献研究院编：《习近平扶贫论述摘编》，中央文献出版社2018年版，第143页。

真正转变。"① "对群众的思想发动、宣传教育、感情沟通不到位。"②

二是干部与群众在脱贫攻坚中的作用发挥不平衡、不匹配。"现在，一些地方出现了'干部干，群众看'的现象。一些贫困群众'等靠要'思想严重，'靠着墙根晒太阳，等着别人送小康'，认为'扶贫是干部的事，反正干部立了军令状，完不成任务要撤职'。"③

三是一些地方尤其是深度贫困地区长期沿袭的陈规陋习和生活习俗，难以激发内生动力。"还有一种现象就是不在找脱贫门路上动脑筋，却在婚丧嫁娶方面讲排场搞攀比，办一次红白事，花销几万元甚至几十万元，要'随份子'，也要还人情，倒腾几回，钱全花在了场面上。不少家庭不堪重负，有的被迫举家逃离，几年不回村。"④

三、扶贫扶志的实现路径

扶贫扶志是一项实践性、操作性很强的工作，也是打赢打好脱贫攻坚战中一项非常紧迫的工作。为此，需要从多个层面、多个维度寻找应对之策。

一是从改进帮扶方式层面，调整以前不利于调动贫困群众的帮扶方式，创新具有激励、带动作用的政策措施，动员贫困群众参与到扶贫项目的实施过程中来。"要改进帮扶方式，多采取以工代赈、生产奖补、劳务补助等方式，组织动员贫困群众参与帮扶项目实施，提倡多

---

①④　中共中央党史和文献研究院编：《习近平扶贫论述摘编》，中央文献出版社2018年版，第138页。
②　中共中央党史和文献研究院编：《习近平扶贫论述摘编》，中央文献出版社2018年版，第141页。
③　中共中央党史和文献研究院编：《习近平扶贫论述摘编》，中央文献出版社2018年版，第140页。

劳多得，不要包办代替和简单发钱发物。"①

二是从教育引导和文化倡导层面，要搭建宣讲、教育平台，以优秀传统文化和现代文明新风为引领，开展扶志教育活动。"要发扬中华民族孝亲敬老的传统美德，引导人们自觉承担家庭责任、树立良好家风，强化家庭成员赡养、扶养老人的责任意识，促进家庭老少和顺。"②"要加强教育引导，各地要办好各种类型的农民夜校、讲习所，通过常态化宣讲和物质奖励、精神鼓励等形式，促进群众比学赶超，提振精气神。"③

三是从村规民约层面，要以乡村社会内部为切入点，充分发挥贫困群众的自组织作用，形成良好的乡风文明。"要发挥村规民约作用，推广扶贫理事会、道德评议会、红白理事会等做法，通过多种渠道，教育和引导贫困群众改变陈规陋习、树立文明新风。"④

四是从典型示范引领层面，要积极选树脱贫的典型人物，宣传其事迹，发挥榜样的无穷力量。"要加强典型示范引领，总结推广脱贫典型，用身边人、身边事示范带动，营造勤劳致富、光荣脱贫氛围。"⑤"鼓励各地总结推广脱贫典型，宣传表彰自强不息、自力更生脱贫致富的先进事迹和先进典型，用身边人身边事示范带动贫困群众。"⑥

---

① 中共中央党史和文献研究院编：《习近平扶贫论述摘编》，中央文献出版社2018年版，第143—144页。
② 中共中央党史和文献研究院编：《习近平扶贫论述摘编》，中央文献出版社2018年版，第142页。
③④⑤ 中共中央党史和文献研究院编：《习近平扶贫论述摘编》，中央文献出版社2018年版，第144页。
⑥ 《中共中央、国务院关于打赢脱贫攻坚战三年行动的指导意见》，《人民日报》2018年8月20日。

扶贫扶志的问题指向：
精神贫困的表现与类型

一、贫困人口的"等靠要"思想和"求粘赖"行为问题

贫困人口的"等靠要"思想的具体表现有：一些贫困户虽然口头上说"我要脱贫"，但从实际看，却是主动性、积极性发挥得不够好，等政府送政策，等联系人送物资、资金，认为等到 2020 年自然就脱贫了；一些贫困户自身努力不够，靠着产业扶贫中专业大户、专业公司的土地流转费甚至小额信贷、产业风险基金入股收益脱贫。

与此同时，贫困户群体中又涌现出"求粘赖"的行为方式。一部分贫困户出现了"言必称贫，以扶求扶""凡事都找帮扶干部""要懒懒到底，政府来兜底"等"求粘赖"的新现象。在极少数地区，甚至出现了"求粘赖"的升级版，如有的贫困户对扶贫干部放言，"不给我东西，我就让你完成不了脱贫任务"，甚至出现"拼穷"、不养老人分户等现象。

二、区位劣势与贫困文化交织

贫困问题是综合性的，既表现在贫困人口生产生活困难，也表现

在区域经济社会发展滞后。改革开放以来，经过体制改革推动扶贫、大规模开发式扶贫两个发展阶段后，我国贫困人口逐年减少，但贫困特征也随之发生较大变化，贫困人口分布呈现明显的地缘性特征。主要表现在贫困人口向中西部集中，尤其是集中连片特困地区，这些地区大部分是革命老区、少数民族地区、自然条件特别恶劣的地区，大多地处省际交汇地带，有的还位于湖库源头、江河上游、农牧交错区，生态脆弱，区域边缘性明显。有人把它叫作"地理上的高地，经济上的洼地"。

表面上看这些地区的贫困是由于缺乏基本的生产和发展要素，实际上是由于该地区没有充分利用其比较优势，而且当地长期以来盛行不利于脱贫致富的贫困文化，所以长期落入贫困陷阱。换言之，贫困文化是制约深度贫困地区脱贫的重要因素。这些地区往往交通闭塞，现代文明渗透不足，市场意识薄弱，思想观念相对落后。

三、贫困人口"自我意识缺位"现象问题

在扶贫开发中，"输血"容易"造血"难，"造血"的首要难点在于扶智的各项举措未必能"被接受"，部分贫困群体缺乏积极吸收外在援助、改变命运的内生动力。他们对政府和社会提供的以"造血"为目的的知识技能培训不感兴趣，甚至一些贫困户把"造血"援助的小额免息贷款直接用于家庭消费性支出，对政府和社会援助形成"扶贫依赖"症。[①] 这类扶贫对象自身发展动力不足，将政府和社会的扶贫资源视作"免费福利"。政府和社会的扶助越多，越会助长贫困户的"懒

---

① 安素霞、侯常兴：《社会工作破解"扶贫难扶志"困境的路径分析》，《邢台学院学报》2018年第1期。

汉"思维。

四、贫困农户参与扶贫政策和项目的意愿问题

鉴于中国农村的扶贫开发工作一直具有较强的政府主导性，因此，以政府为中心的扶贫政策、扶贫项目和扶贫资金往往是扶贫工作能够顺利推进的决定因素。从扶贫政策和扶贫项目的实施过程和效果来看，贫困农民的参与与否、参与程度和参与能力为重要的影响因素。从实际情况来看，贫困农民参与扶贫政策和项目的意愿不强，动力不足。即使是参加与其经济收益紧密相关的产业扶贫、小额信贷和资产收益扶贫等项目时，很多贫困农户对项目与自身的利益连接点也重视不够。

扶贫扶志的实现路径

2018年6月，中共中央、国务院联合发布的《关于打赢脱贫攻坚战三年行动的指导意见》以及同年10月国务院扶贫办联合12个部门出台的《关于开展扶贫扶志行动的意见》，均明确要求开展扶贫扶志行动并提出了具体的行动方案和实际举措。扶贫扶志行动方案基本上是以基层探索和地方实践为基础，并将这些探索与实践从地方层次提升到国家整体层面，上升并转化为国家行动，从顶层设计角度达成扶贫扶志行动的权威性、科学性和针对性。具体而言，开展扶贫扶志行动主要有五项政策指向明确、实施效果良好的方案和路径：一是开展教育培训；二是典型示范引领；三是改进帮扶方式；四是推进移风易俗；五是强化基层党组织政治功能。

一、开展教育培训

根据《关于打赢脱贫攻坚战三年行动的指导意见》和《关于开展扶贫扶志行动的意见》两个政策文件，开展教育培训主要有两项操作性的举措，即开展扶志教育和加强技能培训。具体而言，在开展扶志教育上有四个层面：一是明确教育内容。扶志教育最关键的是弘扬脱贫致富的优良精神，促进贫困群众摆脱思想贫困和精神贫困，并树立主体意识和主位观念，增强脱贫致富的积极性和主动性。即"组织贫困群众认真学习习近平总书记关于扶贫工作的重要论述，加强思想、文化、道德、法律、感恩教育，大力弘扬'脱贫攻坚是干出来的''幸福是奋斗出来的''滴水穿石''弱鸟先飞''自力更生'等精神，帮助贫困群众摆脱思想贫困、树立主体意识"。二是开展政策宣讲。政策宣讲也是扶志教育中的一项重要内容。即"大力宣传脱贫攻坚目标、现行扶贫标准和政策举措，让贫困群众知晓政策、更好地参与政策落实并获得帮扶"。三是创新教育工具和方式。"建好用好新时代文明实践中心，运用好农村'大喇叭'、村内宣传栏、微信群、移动客户端和农村远程教育等平台，发挥乡村干部和'第一书记'、驻村工作队贴近基层、贴近群众的优势，组织党员干部、技术人员、致富带头人、脱贫模范等开展讲习，提高扶志教育针对性、及时性、便捷性和有效性"。四是注重贫困地区学校教育。"在贫困地区中小学校开展好习惯、好行为养成教育，带动学生家长共同转变观念习惯"。

在加强技能培训上有两个层面：一是侧重于发展产业和就业需要，开展实用技术和劳动技能培训。"围绕贫困群众发展产业和就业需要，组织贫困家庭劳动力开展实用技术和劳动技能培训，确保每一个有培训意愿的贫困人口都能得到有针对性的培训，增强脱贫致富本领"。当然，在培训的实施过程中，也要注重培训的灵活性和实效性，强化需求动向和结果导向。"采取案例教学、田间地头教学等实战培训，强化信息技术支持指导，实现贫困群众科学生产、增产增收"。二是侧重于劳务输出需要，开展与工作岗位相适应的技能培训。"组织贫困家庭劳动力参加劳动预备制培训、岗前培训、订单培训和岗位技能提升培训，支持边培训边上岗，突出培训针对性和实用性，将贫困群众培育成为有本领、懂技术、肯实干的劳动者"。

二、典型示范引领

《关于开展扶贫扶志行动的意见》要求"加强典型示范",并提出四条具体的工作举措:

一是选树典型,营造氛围。即"选树一批立足自身实现脱贫的奋进典型和带动他人共同脱贫的奉献典型,用榜样力量激发贫困群众脱贫信心和斗志,营造比学赶超的浓厚氛围"。

二是评选表彰,激励典型,带动群众。即"开展全国脱贫攻坚奖评选,组织先进事迹报告会,支持各地开展脱贫攻坚奖评选表彰活动,加大对贫困群众脱贫典型表彰力度"。

三是创新形式,宣传典型。即"制作扶贫公益广告,宣传榜样力量"。

四是综合施策,明确导向。即"宣传脱贫致富先进典型,总结推广脱贫致富成功经验,鼓励各地开展脱贫家庭星级评定,发布脱贫光荣榜,用身边人身边事教育引导身边人,让贫困群众学有榜样、干有方向,形成自力更生、脱贫光荣的鲜明导向"。

三、改进帮扶方式

《关于开展扶贫扶志行动的意见》主要从四个层面提出了相应的行动方案和实施举措:

一是引导贫困群众发展产业和就业。支持贫困群众发展特色产业,大力开展转移就业,开发扶贫岗位,在有条件的地方建设"扶贫车间",确保有劳动力的贫困户至少有一项稳定脱贫项目。加强贫困村致富带头人培育培养,增强新型经营主体带动作用,提高贫困群众发展生产的组织化、规模化、品牌化程度。完善产业扶贫奖补措施,鼓励和支持贫困群众发展产业增收脱贫。采取劳务补助、劳动增收奖励等方式，提倡多劳多得、多劳多奖。

二是加大以工代赈实施力度。大力推广自建、自管、自营等以工代赈方式，通过投工投劳建设美好家园。强化工作指导，督促地方切实组织和动员当地贫困群众参与工程建设，改善贫困乡村生产生活条件。提高劳务报酬发放比例，推动以工代赈回归政策初衷。

三是减少简单发钱发物式帮扶。规范产业扶贫和光伏扶贫，财政资金和村集体资产入股形成的收益主要支持村集体开展扶贫。推广有条件现金转移支付方式，除现行政策明确规定以现金形式发放外，原则上不得无条件发放现金。不得包办代替贫困群众搞生产、搞建设，杜绝"保姆"式扶贫，杜绝政策"养懒汉"。

四是发挥贫困群众主体作用。尊重贫困群众的首创精神和主体地位，鼓励贫困群众向村"两委"签订脱贫承诺书，明确贫困群众的脱贫责任。落实贫困群众知情权、选择权、管理权、监督权，引导贫困群众自己选择项目、实施项目、管理项目、验收项目，参与脱贫攻坚项目全过程。推广以表现换积分、以积分换物品的扶贫超市等自助式帮扶做法。鼓励贫困户之间或贫困户与非贫困户之间开展生产生活互助。

四、推进移风易俗

《关于开展扶贫扶志行动的意见》提出以"推进移风易俗"为关键举措，从提升乡风文明水平、加大贫困地区文化供给、发挥村民治理机制和组织作用、加强不良行为惩戒等层面提出了一系列具有较强操作性的政策措施。

一是推进农村精神文明建设，开展文明创建活动，奖励良好公共、家庭和个体行为，改善贫困村人居环境，开展民族团结进步创建活动，提升乡风文明水平。

二是通过创作文艺影视作品、宣讲自主脱贫故事、改善贫困乡村文化体育设施、组织文化下乡活动等，加大贫困地区文化供给。

三是发挥村民治理机制和组织作用。以村规民约为约束，以优良传统为导向，以村民议事会、道德评议会、红白理事会、禁毒禁赌会等自治组织为依托，提高贫困群众在脱贫攻坚中的自我组织和管理能力，形成良好乡风和文明生活方式。

四是加强不良行为惩戒。正面激励与负面惩戒同时进行。针对脱贫攻坚过程中的不良行为方式、负面现象和问题，可采取开展专项治理、设立红黑榜、深化法治建设、加强诚信监管、法律惩治、取消获得帮扶和社会救助资格等措施。

五、强化基层党组织政治功能

《关于开展扶贫扶志行动的意见》主要从三个层面提出强化基层党组织政治功能，加强对贫困群众教育引导的具体举措：

一是立足于将村级党组织定位为贫困村脱贫出列和贫困户脱贫致富的领头羊，着力选好配强村级党组织带头人，为脱贫攻坚提供扎实的组织和社会基础。实施村党组织带头人整体优化提升行动，从本村致富能手、外出务工经商人员、本乡本土大学毕业生、退役军人中加大培养选拔力度。有针对性地开展大规模轮训工作，村党组织书记每年至少参加1次县级以上集中培训。配强用好"第一书记"和驻村工作队，严格管理考核，树立鲜明导向，对优秀的"第一书记"和驻村干部宣传表彰、提拔重用，对不胜任的及时"召回"调整。

二是从发挥村级党组织的组织功能和提升农民群众组织化程度两个维度，发挥好村级党组织组织群众、宣传群众、凝聚群众、服务群众的作用，加强村级党组织与贫困群众之间的联结。着力选准贫困村发展路子，制定好脱贫计划，组织贫困群众参与脱贫项目并实现增收。推动基层党组织对村民议事会、村民理事会的领导，把农村精神文明建设抓在手上。加强贫困村脱贫致富带头人的培育培养，支持党员带头脱贫致富，吸引各类人才到贫困村创新创业。加强对贫困人口、留守儿童和妇女、老年人、残疾人、"五保户"人群的关爱服务。落实"四议两公开"制度，探索基层民主决策新方式，提高群众的集体意识、参与意识和奉献意识。

三是基于村级集体经济在贫困乡村脱贫致富和贫困农户可持续生计的基础性与保障性作用，应因地制宜发展壮大村级集体经济，并加强基层党组织在村级集体经济发展中的管理与服务功能。乡镇、村党组织要把党员、群众和各方面力量组织起来，多渠道增加村集体经济收入，切实增强村级党组织凝聚服务群众的能力。通过财政支农资金投入带来的村集体经济收入，优先用于购买公益岗位、村内小型公益事业等贫困户帮扶及保障支出。加强对村集体经济运营、分配和使用的监督管理。

扶贫扶志的政策思考

一、精神文化层面：扶心扶知，激发贫困农民脱贫致富的自主性与能动性

实践证明，只有下力气进行精神扶贫，鼓励和引导贫困农民走出心理上、精神上的贫困，唤醒他们发家致富的意识，促使他们摒弃"等靠要"思想，激发他们自主脱贫的志气，他们才会承担起致富奔小康的"主心骨"责任。为此，通过扶观念、扶思想、扶信心，改变贫困农民的精神面貌，帮助他们树立起追求美好生活的信心和勇气。同时，授人以鱼，不如授人以渔。要想让贫困农民彻底摆脱贫困，必须扶知扶智，把他们自主脱贫的能力扶起来，提高他们发家致富的能动性与创造性。[①]

一是通过科学的人生观和价值观教育，唤醒贫困农民脱贫致富的自主意识，增强其自觉性。通过细心、耐心、恒心的思想工作，让贫困群众认识到仅靠政府的帮扶和社会的救济是很难摆脱贫困的，就算一时脱贫，也极有可能返贫。同时，引导他们树立起"苦熬不如苦干"的观念和"勤劳致富光荣"的思想，彻底告别"等着扶，躺着要"的生活状态。

二是建立奖勤罚懒、自立自强的评价机制，激活贫困农民脱贫致

---

① 张志胜：《精准扶贫领域贫困农民主体性的缺失与重塑——基于精神扶贫视角》，《西北农林科技大学学报（社会科学版）》2018年第3期。

富的内生动力。精准扶贫要想取得实效，须建立以"帮贫不帮懒"为目的的激励机制，从而破除"扶贫依赖"症，确保扶贫资金不打水漂、扶贫干部不被累死。比如，在为贫困农户发放扶贫物资时，不搞平均主义，而是"多劳多扶、少劳少扶、不劳不扶"，即根据贫困户的勤劳程度、发展意愿以及以往的脱贫效果来决定分配的数量。

三是文化下乡扶智，即"文化扶贫"。文化扶贫主要着眼于提高贫困农民的文化素质和知识水平。为此，需要依托农村文化阵地，向贫困农民灌输社会主义核心价值观以及新知识、新思想、新信息，逐步提高他们的文化素养，补足他们的精神信仰之"钙"，引导他们自觉投身到自力更生的脱贫攻坚中去。此外，还应开展文化下乡活动，以群众喜闻乐见的形式，寓教于乐，向贫困农民宣传"勤劳光荣，懒惰可耻"的思想观念，鼓励他们用勤劳的双手早日摘掉贫困帽。

四是教育扶贫扶知。"治贫先治愚""要富口袋，先富脑袋"。通过费用减免、生活补助、贴息助学贷款等一系列资助政策，切实解决农村贫困家庭学生上学期间的费用负担问题，帮助他们顺利完成学业并掌握一定的就业技能。

二、政策执行层面：聚焦贫困人口需求，调整帮扶方式，引导贫困人口参与，提升精准扶贫政策与贫困地区实情的契合度

鉴于目标的强约束性和任务的高度紧迫性，精准扶贫、精准脱贫往往采取动员式或运动式的实施策略和工作机制，在扶贫脱贫体制机制、政策工具、资源调配方式都具有明显行政主导特征，以至于在扶贫脱贫领域较大范围内出现了较严重的形式主义问题。实际上，精准

扶贫、精准脱贫的实施路径和方式以及所引发的诸多问题，源于扶贫脱贫政策的实践者对贫困问题及反贫困策略的认知偏差。换言之，精准扶贫政策的执行体制、工具、能力都对贫困人口的行为策略和方式产生较大的外在影响，会引发其主体缺位、福利依赖和行为失范后果。为此，需要相关人员在执行过程中不断地进行调适与重构。

一是改进帮扶方式，必须调整以前不利于调动贫困群众的帮扶方式，创新具有激励、带动作用的政策措施，动员贫困群众参与到扶贫项目的实施过程中来。摒弃直接发放扶贫物资、慰问金等帮扶方式，提倡采取以工代赈、生产奖补、劳务补助等方式，根据各地的实际情况，重点组织实施产业扶贫、小额信贷和资产收益扶贫等项目。将贫困人口的利益需求、发展意愿、经济收益与扶贫资源、脱贫项目及其运行机制有机关联起来，建立具有可持续性的利益共同体。

二是聚焦贫困人口致贫原因和脱贫需求，提升扶贫扶志政策的针对性和有效性。不同的贫困户，其致贫原因和脱贫需求是不同的，其内生动力和发展意愿也具有差异。为此，需要对贫困人口进行精细化分类，并建立差异化的政策清单，精准辩证施策。可以考虑将贫困户划分为稳定脱贫的"示范户"、脱贫有一定困难的"中间户"和脱贫问题较大的"困难户"3个类别，按照"稳定'示范户'、提升'中间户'、攻坚'困难户'"的原则，建立分类管理的贫困治理体系。对自我发展能力较强、脱贫成功率较大的"示范户"，鼓励其自主创业，落实帮扶措施和脱贫政策，重点在产业扶贫、金融扶贫等方面给予支持；对有一定劳动能力并有就业愿望却无技术、无门路的"中间户"，及时调整帮扶力量，抽调精兵强将，进行点对点、人对人、面对面精准帮扶，重点实施技能培训和就业扶贫，有条件的地方可以探索实施"互联网+"精准扶贫战略,探索电商扶贫模式,实现贫困人口就近就业;而对内生动力和自我发展能力不足、脱贫难度大的"困难户",针对住房、饮水、收入多方面"硬伤",逐户落实帮扶工作组和责任人,集中力量攻坚。对因病致贫、因老致贫和丧失劳动能力的贫困户,重点实施兜底保障和孝善扶贫,确保如期脱贫。

三是尊重扶贫对象、贫困人口的主体性,发挥群众参与作用。实践证明,许多扶贫行动之所以失败就是因为实施过程中忽视了对扶贫对象主体性的尊重、回应,造成扶贫对象不干又不满、扶贫干部受累又受怨的"两败俱伤"困局。在扶贫项目的选择、实施过程中,注重对贫困人口发展意愿、权利诉求的有效回应。特别是真正发挥驻村干部帮扶作用,充分调研了解村庄发展需求和地方资源状况,精准区分不同类型贫困人口,引导有劳动能力的贫困户表达发展的诉求、意愿,帮助其分析问题,合理创造条件,支持其通过自身劳动获得致富成果;对兜底帮扶的无劳动能力贫困人口,注意保护群众自尊,让其体面享受个人权利,共享经济社会发展成果。总之,扶贫不仅是干部的事,也是贫困人口个人的事,既要防止将扶贫对象污名化、隔离化,又要防止将扶贫对象过度保护、特殊化。鼓励贫困人口与其他非贫困人口一起,参与扶贫开发的整个过程,共享村庄减贫发展的效益和成果。

三、社会治理层面:依托基层社会组织,重建贫困人口与乡村社会的社会联结

贫困人口内生动力问题是一项社会性难题,是剧烈的社会转型和变迁,为此,通过组织再造和创新,重建贫困人口与乡村社会之间的社会联结是一条可行途径。

一是以党建扶贫、干部队伍建设、定点帮扶为依托，配强农村基层干部队伍，激发基层党组织、驻村干部、"第一书记"的执行和动员能力，发挥基层党组织领导和村民自治组织的带头作用。

二是借助于扶贫理事会、农民合作社、红白理事会及其他文化类村庄组织，将农民尤其是贫困农民组织起来，调动他们的生活积极性和脱贫致富主动性，实现贫困人口与其他村民、乡村社会体系之间的有效社会联结，重建村落共同体，提升贫困人口的社区认同感。

三是从整体协同和均衡发展的角度，县域脱贫应保持政策关照、资源配置、项目管理和利益分享等方面的张力，适当兼顾贫困地区和人口与非贫困地区和人口的脱贫致富需求。除了一些直接针对贫困地区和人口的扶持政策、资金和项目，在脱贫攻坚进入冲刺阶段，不应该对贫困村与非贫困村、贫困人口与非贫困人口做出严格、明确的区分，一是防止资源过多地集中，导致出现资源堆积和损耗，二是防止引发贫困人口周边的非贫困人口的心理失衡，导致区域性的发展不均衡和基层治理危机。

四、机制创新层面：宣传宣讲典型人物和事迹，发挥脱贫致富示范带动作用

榜样的力量是无穷的，在精准扶贫过程中，调动贫困户积极性是精准扶贫工作能否取得成功的关键。只有树立起自主脱贫意识，增强自身发展意愿才是实现脱贫并长久脱贫的根本之策。要激发贫困群众内生动力，需要身边邻里的真实案例来感化，通过脱贫群众和致富能人的示范激发其发展愿望，增强脱贫信心，最终实现物质到精神的全面脱贫，并巩固脱贫成果，筑牢长久发展根基。具体可以采取以下的操作方式：

一方面，将有代表性的脱贫致富个人树立为典型，将其脱贫事迹、脱贫精神撰写成生动的故事，以宣传画册或短纪录片的方式通过媒体广而告之。

另一方面，为脱贫致富典型建立宣讲平台，促进脱贫致富典型与贫困户进行深度沟通，激发其致富意愿和内生动力，为贫困户脱贫致富提供思想和精神引领。

五、组织创新层面：发挥社会组织纽带作用，培养社区工作队伍

其一，通过政府购买服务，将社区、社会组织、社会工作者结合起来。通过社会组织获取社会资源，辅助贫困地区社区建设，搭建好实施平台，并利用好社会组织联合、调动社会资源的优势，运用专业方法满足贫困人口的需求。

其二，从队伍设置设计上，可以在每个贫困村设置一个社区社会工作岗位，面向社会（重点是城镇退休教师、医生、科技人员和文化艺术工作者）公开招聘带有志愿属性的社会工作者，国家财政给予生活补贴和一定的福利，构建社区社工支持体系。在脱贫攻坚进程中，可以将社区社工的功能和职责定位在以下几个层面：了解村庄历史和传统，摸清每个农户的基本情况特别是发展困难的农户；把握社区内在权威结构及主导性价值取向，围绕改变社区陈规陋习和落后价值观念提出具体干预方案；申请财政资金或争取社会捐赠资金执行社区工作具体方案，根据工作进展和实际情况及时调整、完善社区工作方法和具体项目。

实践篇

2018年12月，国务院扶贫办联合12个部门出台的《关于开展扶贫扶志行动的意见》为开展扶贫扶志行动提出了具体的行动方案和实际举措，为贫困地区落实扶贫扶志行动提供了基本遵循。在遵循中央和上级政府的方案和意见的基础上，各地立足实际，因地制宜，发挥自身的主动性和创造性，制定实施方案，采取切实举措，开展扶贫扶志的实践探索，形成类型多样、形式鲜活、成效显著、操作性强的扶贫扶志典型案例。本书依据扶贫扶志行动的五种实现路径，即开展教育培训、典型示范引领、改进帮扶方式、推进移风易俗、强化基层党组织政治功能，从全国一百多个案例中选取了十个具有代表性的典型案例，以展现各地为开展扶贫扶志行动而进行的有效探索，也为其他地区进一步深化扶贫扶志行动提供借鉴与参考。

案例选取与编写的基本原则有：一是真实性原则，即案例所描述的现象或事件必须真实，能够真实反映案例所发生地区、组织或人群的实际情况，切忌杜撰编造；二是客观性原则，即案例必须是对扶贫扶志实践的事实和信息的客观描述，不能将编写人员的主观价值、认识和评价带入案例中去，保持案例本身的价值中立；三是典型性原则，即案例价值应该要超越案例本身，能够反映某种类型案例的基本要素和核心价值，可以从一个典型案例中提炼出具有普适性、一般性的要素与观点；四是可推广性原则，即案例应当从典型走向普适，案例编写要将隐藏在案例背后的具有可复制性、可推广性的经验提炼出来并指出其发展条件和运行机制。

具体而言,《以农民讲习所为依托开展扶志教育——贵州省毕节市新时代农民(市民)讲习所》《以农民夜校推动扶贫教育培训——海南省"电视+夜校+热线"扶贫教育模式》两个案例聚焦于扶贫扶志行动中的教育培训。前者介绍了贵州省毕节市开办农民脱贫攻坚讲习所的典型经验,通过在讲习所运行过程中解决好谁组织、谁来讲、讲什么、怎么讲的问题,达到了"讲""习"并重、知行合一的良好效果;后者则介绍了海南省在创办农民(市民)夜校过程中,形成了"电视+夜校+热线"扶贫教育模式,开拓出一条"扶贫脱贫政策精确宣讲下村入户,脱贫致富技术传播进门到人"的脱贫教育培训道路。《以创业致富带头人带领群众脱贫致富——江西省石城县"党建+创业致富带头人"培育》聚焦于扶贫扶志行动中的典型示范引领。江西省石城县通过将"党建+创业致富带头人"培育作为脱贫攻坚一号工程,为如期完成"村出列""户脱贫"提供了坚实的支撑。《以重塑贫困人口信用观念破解诚信困境——宁夏回族自治区固原市蔡川村金融扶贫创新》《以"歇帮"机制惩戒不良行为——四川省屏山县帮扶机制创新》两个案例聚焦于扶贫扶志行动中的改进帮扶方式。前者讲述的是宁夏回族自治区固原市蔡川村通过选树奋进和奉献典型,激发贫困群众脱贫信心和斗志,成立金融合作社防范信用风险并化解信贷难题、建立信用评价体系,实现农户融资贷款可持续发展,闯出"产业引领+能人带动+金融帮扶"的"蔡川模式",重塑了贫困人口信用观念;后者则描述了四川省屏山县通过建立"歇帮"机制,按照一定程序暂时停止对某些贫困户进行帮扶,以此倒逼贫困户提高脱贫积极性,变"要我脱贫"为"我要脱贫",实现"输血"式扶贫到"造血"式扶贫的转变,有力推动了扶贫扶志行动的开展。《以优秀传统文化应对精神贫困——山东省济宁市、临沂市精神扶贫行动》《以红色文化助力扶贫扶志行动——河南省林州市红旗渠精神》两个案例聚焦于扶贫扶志行动中的推进移风易俗和乡风文明建设。前者展现了山东省济宁市、临沂市通过弘扬沂蒙精神，传承孝德文化来开展精神扶贫；后者展现了河南省林州市通过弘扬红旗渠精神这一优秀的红色文化，助力扶贫扶志行动的典型做法。《以红色电商引导贫困人口创业就业——江苏省宿迁市"支部＋电商"乡村发展模式》聚焦于扶贫扶志行动中的强化基层党组织功能，呈现了江苏省宿迁市以互联网为技术支撑，以电商为引擎，以党建扶贫为突破口，开拓"支部＋电商"的脱贫攻坚和乡村发展新路径的过程。《以多措并举应对贫困人口内生动力不足难题——四川省南充市的实践与经验》是立足于综合性、多样性政策工具与干预手段，从干部与群众内生动力的双重激发、产业扶贫创新、扶贫政策执行优化等角度系统性地应对贫困人口内生动力不足难题。《深度贫困地区如何开展扶贫扶志行动——来自四川省凉山州的实践与探索》聚焦于深度贫困地区精神贫困的独特性与复杂性，从基础设施建设、推进移风易俗、提升社会保障水平等层面开展切实有效的扶贫扶志行动。

以农民讲习所为依托开展扶志教育

——贵州省毕节市新时代农民（市民）讲习所

一、背景

为解决长期以来困扰贫困地区群众"造血"能力弱、内生动力不足的问题，走好扶贫工作"最后一公里"，真正达到全面实现小康的标准，在贯彻习近平总书记精准扶贫、精准脱贫战略思想的实践中，贵州省逐渐认识到，脱贫攻坚是群众的事业，只有激发出群众的内生动力，有群众的广泛参与，才能组织起脱贫攻坚的人民战争。这就需要宣传和动员群众。在这种情况下，贵州省毕节市借鉴党在第一次国内革命战争时期举办农民运动讲习所的做法，决定开办农民脱贫攻坚讲习所，以此搭建一个有吸引力的平台，让更多的农民群众参与进来。毕节市威宁自治县于2017年4月，在全省率先建立了"脱贫攻坚讲习所"。2017年11月，贵州省开始在全省范围内兴办"新时代农民（市民）讲习所"（以下简称"讲习所"）。

《中共中央、国务院关于打赢脱贫攻坚战三年行动的指导意见》要求开展扶贫扶志行动，并指出要"加强教育引导，开展扶志教育活动，创办脱贫攻坚'农民夜校''讲习所'等，加强思想、文化、道德、法律、感恩教育，弘扬自尊、自爱、自强精神，防止政策'养懒汉'、助长不劳而获和'等靠要'等不良习气"。在深入学习贯彻党的十九大精神、奋力推进"大扶贫"战略行动中，贵州省"新时代农民（市民）讲习所"有效发挥了开启民智、凝聚民心、发挥民力、推动民富的作用，其运行模式也得以推广实施。

二、运行过程：谁组织、谁来讲、讲什么、怎么讲

（一）谁组织："五级联动"架构+"领导小组"统筹

1.以"六有标准"规范讲习阵地，确保讲习活动组织有序。贵州省规定市县两级要创建"新时代农民（市民）讲习所"，街道、社区要创建"新时代市民讲习所"，乡（镇）、村要创建"新时代农民讲习所"，从而建立了有省、市（州）、县（市、区）、乡（镇、街道）、村（社区）五级联动的组织体系。在"五级联动"的组织架构下，讲习所以"六有标准"即有场地、有机构、有师资、有制度、有标识、有资料来建设。①有场地。每个市（州）、县（市、区）、乡（镇、街道）、村（社区）有固定场所作为集中讲习的阵地，村民组可视具体情况建设固定讲习所。②有机构。各讲习所有明确负责人和成员，有专人负责讲习活动，定期研究讲习事宜。③有师资。各讲习所按照政治过硬、素质优良、结构合理的原则，配备固定讲习员队伍，并可根据需要聘请外地外单位讲习员开展讲习。④有制度。按照务实管用、简便易行的原则，建立健全讲习所活动开展、队伍建设、场所维护、资料管理、效果评估等制度，重要制度张贴上墙，普通制度编印成册。⑤有标识。固定讲习所在显眼位置悬挂"新时代农民讲习所"或"新时代市民讲习所"牌子，流动讲习所要配备印有"新时代农民讲习所"或"新时代市民讲习所"的红旗；讲习员开展讲习时佩戴统一制作的徽章。⑥

有资料。认真收集整理讲习有关资料并分门别类进行归档。各讲习所结合本地实际情况制定切实可行的讲习计划和课程表，每月至少开展2次集中讲习。

2. 以"领导小组"统筹讲习所阵地建设，高位推动、整合资源组织讲习。在省级层面成立贵州省"新时代农民（市民）讲习所"领导小组，省委宣传部主要领导为组长，省委宣传部常务副部长为副组长，省直有关部门和单位负责同志为成员。领导小组办公室设在省委宣传部，负责统筹协调、督查指导全省"新时代农民（市民）讲习所"兴办及活动开展等工作。各市、县（市、区）也相应成立领导小组，部分市（州）如毕节市，领导小组组长由市委书记亲自担任，市长任常务副组长，从市直单位抽调136名同志组成8个指导组，由8位市级领导分别任组长，定期赴各县（区）指导工作，日常具体工作由组织部、宣传部等重要部门牵头，全市各部门配合开展。"领导小组"的"高配"表明了党和政府对于讲习所建设和运行的重视态度，既有利于从外部提高基层工作人员的积极性，又有利于提升百姓对讲习所工作的信心，更有利于全域范围内资源整合，实现讲习内容全面具体。

3. 严格考核，督促讲习落地见成效。为切实加强"新时代农民（市民）讲习所"工作成效的考核，确保脱贫攻坚工作有序有力有效推进，毕节市制定了《毕节市"新时代农民（市民）讲习所"工作成效考核方案》，对各市直部门、县（区）讲习所工作的领导责任落实、学习培训宣传、保障机制建设、有效办法措施等方面进行全面考核。考核方式除了常见的指标测评外，引入公众评议方式，让百姓参与到政府行为评价中来，既保证了考评有客观指标，更保证了公共服务对象实际感受的有效反馈，打消群众对于讲习所"走形式、走过场"的偏见和疑虑，自觉主动参与到讲习活动中来。考核结果纳入市委、市政府对考核对象的年度目标考核，采取奖惩结合的方式，对获得优秀等次的考核对象进行表彰。对工作成绩突出的责任部门、县（自治县、区）党政主要领导、分管领导和个人，符合条件的优先考虑提拔重用。在全市对倒数三名进行通报。对工作不力、措施不到位、推诿扯皮、影响工作任务完成的考核对象，在年度目标考核中直接确定为较差等次，并视情节轻重对其主要负责人、分管领导进行提醒谈话、约谈、通报批评。将讲习所的工作成效同工作人员、领导的"钱袋子""官帽子"挂钩，正向激励、反向约束，有效提升了工作人员的重视程度，确保讲习所工作扎实落地。

（二）谁来讲："三支队伍"+"农民讲师"

1."三支队伍"拓展讲习主体。省、市（州）、县（市、区）、乡（镇、街道）、村（社区）结合实际，选调熟悉党的理论路线方针政策、了解地方改革发展实际，政治素质好、理论水平高、宣讲能力强的相关人员组建讲习员队伍。各地根据工作实际，拓展讲习主体范围，建立讲习员库，将讲习员划分为"三支队伍"：各级党政领导干部、讲师团队伍、高校与企事业单位党员领导干部、"第一书记"、驻村干部等为"政策讲习员"；专业技术人员、农技专家、致富能手、行业领域精英、文化和传统工艺传承人为"技术讲习员"；"贵州脱贫攻坚群英谱"及各类先进模范人物、乡贤榜样、文明标兵以及有志为贫困地区扶志扶智的文化学者、文化工作者、退休老干部老教师等为"文明讲习员"。贵州形成了层层有讲习员、个个讲习员领域明确的讲习机制，确保讲习内容和范围的全覆盖。

2.农民讲师推动讲习贴近一线。实现全面建成小康社会，重点在农村、难点在农民、关键点在群众素质的提升。在以往的农民技能培训、思政教育等工作上，专业的"理论"群众未必能全部吸收和消化，培训成了一种形式和过场，群众素质得不到提高，从而制约农村经济社会的全面发展。为解决这一问题，贵州省毕节市纳雍县以"农民讲给农民听、农民做给农民看、农民带着农民干"为原则，以农民讲师行动为载体，将农村致富带头人组建为农民讲师队伍。农民讲师所讲内容不局限于种植养殖技术上，更多的是对群众全方位的"传帮带"，主要包括方针政策、思想观念、经营化管理、邻里和谐、传统美德、子女教育、感恩教育以及产业如何发展壮大和升级等。纳雍县在农民讲师队伍建设上，形成了比较成熟的机制：

①讲师评选。农民讲师团通过评选方式，将农村的致富能人聘为农民讲师。评选中注重有一定产业和会"做"能"说"，分县、乡、村三级。村级农民讲师按照"有一定技术、有一定带富能力"的要求，实行直接聘任；乡级农民讲师按照"有一定产业，带富能力强"的标准，实行"三推一定"，即群众代表推荐、乡村干部推荐、乡镇领导推荐，党委会研究确定；县级农民讲师按照"产业规模大，带富效果突出"的标准，实行"一推两选"，即乡镇党委择优推荐，县委组织部根据其特长优势、产业特点等组织考察初选，最后进行演说面试竞选。对竞选上的农民讲师颁发聘书，并按照从事行业、产业等特点将农民讲师分为种植养殖业、经营化管理、政策法规宣传、思想观念教育四类。

②讲师培训。农民讲师评选出来后，应注重培训提升，让农民讲师"回炉再造"，激发热情，专业化补强，寻找差距，提高演说能力。一是分类培训。根据农民讲师的产业特点，有针对性地邀请县内专业

技术人员分门别类进行集中培训，提高产业技能。二是域外培训。分批次组织农民讲师到山东寿光、江苏华西、广东深圳等地培训，让农民讲师开阔视野、增长见识。三是适时研讨。不定期组织农民讲师召开理论研讨和演说讲评会，不断提升农民讲师的理论水平和演说能力。四是跟班锻炼。根据产业发展需求，农民讲师需到省内外合作经济实体跟班学习。

③讲师巡讲：群众"点单"，讲师"配菜"。巡讲过程实行"三定一评一跟踪"。一是定巡讲计划。每年组织农民讲师对全县所有行政村巡讲1场次以上。二是定巡讲主题。巡讲前进行需求调查，根据群众技术需求和产业现状，选择2—3个主题进行培训。三是定巡讲要求。巡讲要求因地制宜，地点可选择在小广场、会议室、农家院落、田间地头等。在巡讲培训中既要做到集中全体村民传达观念、讲授政策，又要做到分门别类小规模培训，手把手指导；既充分利用顺口溜、民谣、谚语等群众喜闻乐见的形式，又注重讲事实、摆道理。四是进行满意度测评。每次巡讲结束，组织参训群众对巡讲的农民讲师进行满意度测评，对满意度低的讲师，安排讲得好的帮助其辅导提高，如后续群众满意度仍然不高的，不再安排巡讲。五是进行跟踪问效。县委组织部不定期组织人员到已开展过巡讲的村组，通过问卷、走访、召开座谈会等方式，了解群众的所思所想，听取意见建议，以便有针对性地制定新一轮巡讲计划。

④讲师激励：政治上关心、经济上关注、项目上关照。建立相关帮扶机制，激励农民讲师积极参与巡讲行动。一是对非党员优秀农民讲师，优先培养成党员，经常邀请参加县乡村召开的座谈会，让其建言献策，提高农民讲师话语权，增强其政治荣誉感。二是在县委党建

办增设农民讲师行动管理指导组,负责协调和指导工作。三是成立县级农民讲师协会和协会党支部,负责巡讲行动的运作、管理以及农民讲师的思想教育。四是资金上倾斜,每年县财政预算50万元作为农民讲师行动办公经费,300万元作为农民贷款贴息,有效帮助农民讲师把产业做大做强,达到"一个富不算富、大家富我更富"的社会效应。五是项目上关照,县职能部门对农民讲师创办或领办的产业开通绿色通道,涉农项目及资金优先向农民讲师倾斜。

讲习员是讲习所的灵魂所在,讲习员队伍的水平决定了讲习成果的优劣,贵州省在组建庞大讲习员队伍的基础上,大胆创新起用农民讲师深入"一线",贴近群众以破解过往讲习内容"高高在上"的困局,以点带面优化讲习效果。

(三)讲什么:"六讲六干"+"讲""习"结合

1. 讲思想,干有方向。讲习所深入宣讲党的十九大精神和习近平总书记在贵州省代表团重要讲话精神,宣讲习近平新时代中国特色社会主义思想、中国特色社会主义进入新时代的新论断、我国社会主要矛盾发生变化的新特点、分两步走全面建设社会主义现代化国家的新目标、党的建设的新要求。

2. 讲感恩,干有激情。深入宣讲习近平总书记对贵州的关怀厚爱,对贵州各族人民的关怀牵挂,对贵州发展提出的总体要求、重点任务及对党的建设作出的指示要求,宣讲贵州干部群众感恩党中央,感恩习近平总书记,激励全省干部群众将总书记的亲切关怀和殷切期望切实转化为奋发有为的磅礴力量,奋力开启新征程、实现新跨越、谱写新篇章。

3. 讲政策,干有思路。深入宣讲党和国家的方针政策和重大决策部署，宣讲中央及各级党政机关出台的产业发展、扶贫开发、改善民生等政策，帮助干部群众明白并用好用活与当地发展、与自身有关的政策，进一步认清本地资源和自身优势，厘清发展思路和举措。

4. 讲技术，干有本领。根据当地发展实际和群众需要，按照"缺什么补什么"的原则，联合有关职能部门、专家技师，开展各类实用技术、实用技能培训，增强群众技能本领，提升自我发展的能力。

5. 讲"比武"，干有榜样。围绕省直各单位讲习员队伍建设、深入基层开展讲习情况，各市（州）、县（市、区）讲习阵地建设及活动开展情况，各级媒体宣传报道讲习活动情况，进行三场"大比武"。组织开展"新时代农民（市民）讲习所"讲习员风采展示活动。通过"比武"，促进各个讲习员在比中学习、在比中提升、在比中赶超，推进全省讲习活动向纵深发展。

6. 讲道德，干有精神。以大力培育和弘扬"团结奋进、拼搏创新、苦干实干、后发赶超"的新时代贵州精神为目标，深入开展理想信念教育、社会主义核心价值观教育及中华优秀传统文化教育，深入宣传宣讲民主法治、传统美德、家训家风等，进一步激发全省干部群众埋头苦干、锐意进取，决战脱贫攻坚、决胜同步小康的坚定决心和必胜信念。

（四）怎么讲：多形式+需求导向

采取"课堂式大集中、互动式小分散"及"群众点单、讲习员配菜"的方式，根据群众需求讲习，推动讲习阵地便民化。

1. 开展"课堂讲习"。讲习所整合党校、文化场馆、党员活动室、文化站、村级文化活动室、精神文明活动中心、闲置校舍、"非遗传习所"等场所资源，建设"新时代农民（市民）讲习所"固定阵地，定期或不定期集中开展"课堂式大宣讲"。市县党校分层次举办讲习员培训活动，不断提高讲习员水平。

2. 开展"现场讲习"。从方便群众受教育的角度出发，以村（社区）为重点，通过"互动式小组会"方式，定期或不定期深入田间地头、居民院落、园区工地等生产一线开展形式多样的"现场讲习"，利用板凳会、院坝会、群众会、赶场天、红白喜事等，开展政策宣传、经验介绍、技术培训、讨论交流、知识竞答等活动，多形式提升农民综合素质。

3. 开展"云上讲习"。运用互联网、远程教育等信息化手段拓展讲习平台和载体，利用广电网络、"村村通、户户用"工程在电视信息平台中开辟"新时代农民（市民）讲习所"家庭讲习台，将各类优质学习资源植入专版窗口上进行分类呈现，实现群众个性化学习视频点播，开设互动功能，实现电视、电脑、手机、调频广播等多终端互联互通，方便广大群众参与学习。

4. 开展"空中讲习"。通过农村广播喇叭站，全面传递党的好声音，利用早中晚时间用农家话讲习农家事，将党的惠民政策、实用技术等传播到群众房前屋后、田间地头，方便群众听、引导群众干。

三、实施效果："讲""习"并重、知行合一

（一）文明新风和道德激励提升群众幸福感、自豪感、获得感

由于长期受经济发展水平及交通、地理限制，加上群众文化水平、生产生活习惯等因素影响，贫困地区农民普遍存在道德文明水平不高的现象。贵州贫困乡村通过村民代表大会举手表决通过"红九条"，将滥办酒席、不孝敬父母、不诚实守信、破坏环境、缠访闹访、吸毒种

毒等陋习作为村民行为规范的红线，对违反"红九条"者一律列入"黑名单"，进行为期三个月的考察管理，暂停享受各类福利。坚持物质文明与精神文明建设并进，开展"十星文明户""十大孝媳""小康之家"等评选活动，逐步提高村民团结合作精气神，促进邻里和谐、家庭和睦。

（二）对症下药切实解决农业产业结构调整难题

大方县兴隆乡通过每周二的干部夜校、农民夜校、道德讲堂等活动载体，以"新时代农民讲习所"为平台，在各村设点召集群众，把农业产业结构调整中遇到的问题、难题摆上台面，大家一起探讨、思考、解决，面对面地给群众讲政策、谈思路、谋发展、奔小康，引导广大群众特别是贫困群众改变传统种植习惯，在秋收后的关键时期，调整农业产业结构，发展经蔬菜、经果林、中药材种植等特色农业产业助力农民增收。

（三）基层党建创新筑牢党组织战斗堡垒作用

党支部建到产业上，发展"新时代农民讲习所"以后，党的宣传阵地进一步前移，党和群众对话的窗口逐渐从村"两委"办公室转到了田间地头、房前屋后。大方县凤山乡店子社区"党支部＋产业＋群众"模式注重利益共享。社区党总支围绕"党员带领、抱团发展"的思路，指导圆康果蔬专业合作社与火风垭、洼野裸组105户群众结成利益共同体，投入574.5万元打造了火风垭乡村旅游点，其中社区整合扶贫项目资金150万元与火风垭组的公共设施、道路设施、集体荒山捆绑打包折款195万元入股；群众以土地、房屋和务工折款59.5万元入股；合作社、能人、乡贤、农户等以现金320万元入股。共种植西红柿、西兰花、生菜等应季蔬菜200余亩，脆红李、杨梅、布朗李、蜜桃等经果林

600亩，修建了占地20亩的标准化游泳池及餐饮、住宿、娱乐等配套设施。截至2017年底，火风垭乡村旅游点累计接待游客10万余人次，毛收入200余万元，为105户群众提供了30个稳定就业岗位、100余个临时工岗位，累计发放工资125.4万元，实现了113户189人的稳定脱贫。

（四）因地制宜动员群众参与发挥讲习实效

赫章县安乐溪乡为了使"新时代农民讲习所"作用发挥再上一个新的台阶，将"新时代农民流动讲习所"工作与"赶场天赛起来"活动相结合开展讲习，在"赶场天赛起来"知识抢答赛中，就当天宣讲的内容提出问题，让群众回答，答对的群众给予奖励，从而极大地提高了群众参与活动的积极性，也将党的声音传遍村村寨寨。

（五）农民讲习推动走上致富路

黔西县太来乡箐口村农户方德明是该村的致富带头人，当上讲习员之后，他秉持"授人以鱼不如授人以渔"的道理，为了让本村农户走出有自身特色的致富之路，壮大本村种植产业，他多次组织农户到种植成效好、经验丰富的地方考察学习，如今，通过讲习活动的深入开展，太来乡箐口村堰塘组已成立黔西县庆阳种植养殖农民专业合作社，采用"党建＋合作社＋农户"的发展模式，推动经果林产业向高效、优质的产业生产链发展。

四、基本经验

贵州"新时代农民（市民）讲习所"的工作涵盖了思想层面、技术层面、政策层面，强调"讲""习"结合，知行合一，既注重精神扶贫，又注重产业扶贫、技能扶贫，在推动贫困群众思想观念从"等靠要"变为"我要脱贫"的第一个转变后，从技能和产业层面出发，推动贫困农民实现"我能脱贫",从而实现扶志扶智的有效衔接。

(一)通过讲习所破除思想障碍是扶志的必要前提

为消除贫困户在脱贫攻坚过程中"不信任、不敢闯"的心理,贵州省从精神层面和政策层面着手。

首先,通过讲习所深入宣讲党和国家的方针政策和重大决策部署,宣讲中央及省市出台的产业发展、扶贫开发、改善民生等政策,帮助干部群众弄懂弄通、用好用活与当地发展、与自身生活密切相关的政策,进一步认清本地资源和自身优势,厘清发展思路和举措。

其次,通过对讲习所领导小组的"高配"和严格的考核机制,打消农民对讲习所工作的不信任心理,消除对讲习所"走过场、走形式"的疑虑和偏见。在全省范围内下发《关于开展法治扶贫六大行动的通知》,全省各级纪检监察机关狠抓落实,贯彻中共中央、国务院关于"推进扶贫开发法治建设"的要求,提供政策、法律保障,坚决维护各项扶贫政策落到实处。

最后,通过讲习所宣讲各类政策法规,治理农村出现的极少数群众眼红扶贫政策红利,利用各种手段"争当贫困户",有的"哭穷""晒穷"要票子,有的"分房""分户"要房子,有的缠访、闹访要政策等不良行为。

(二)通过讲习所更新谋生技能是扶志的重要基础

精准扶贫要从"输血"式扶贫变为"造血"式扶贫,真正实现"真脱贫、脱真贫",从激发群众内生动力方面来看,讲政策、讲思想能够调动起贫困群众的积极性,但只有在群众尝试自我发展得到积极回报的情况下,他们才能真正产生"我能脱贫"的心理自信。受文化水平、传统思维限制,很多农户尤其是贫困户没有机会去接触新鲜事物,没有能力去理解当代发展趋势，只能守着传统的农作物耕作，致富无门。贵州省利用讲习所主阵地，尤其是充分发挥农民讲师"接地气"的优势，农村能人与普通村民环境相同、语言相通、思维相近、目标相向，讲师一"点拨"，群众便"开窍"，容易引起共鸣，形成共振，从而带领农民实现"观念更新、技术革新、融资有门、经营有道"的梦想。

（三）通过讲习所优化工作机制是扶志的有效保障

在当前的扶贫工作中，由各部门按职责制定各自的扶贫政策是一种重要的方式，如人社局负责就业扶贫、教育局负责教育扶贫、民政局负责兜底性救助，但这种扶贫方式缺乏整体联动。脱贫工作是一项综合性很强的大工程，需要多部门配合，讲习所的出现弥补了这一不足，通过讲习所实现部门内部和部门之间的相互协同，打通部门内部和部门之间的合作通道，实现讲习业务工作的全面协同，从而能够为贫困户制定系统化的脱贫方案，形成脱贫的长效机制，在系统化的长效机制保障下，贫困户脱贫才更有信心和志气。

以农民夜校推动扶贫教育培训

——海南省"电视+夜校+热线"扶贫教育模式

一、背景与概况

2015年,海南省有300余个贫困村,11.5万贫困户,47.71万贫困人口,贫困发生率为6.9%,脱贫任务艰巨、进程缓慢。为早日摘掉贫困帽,海南省以线下交流为基础,电视传播为媒介,热线电话为桥梁,探索了"电视+夜校+热线"扶贫教育模式,开拓出一条"扶贫脱贫政策精确宣讲下村入户,脱贫致富技术传播进门到人"的脱贫教育培训道路。

海南省委省政府陆续出台一系列文件,鼓励创办电视夜校,发挥电视夜校在扶贫脱贫中的政策宣传和教育引导"进村入户"的作用。2018年,《中共中央、国务院关于打赢脱贫攻坚战三年行动的指导意见》明确提出要通过创办脱贫攻坚"农民夜校""讲习所"等方式,加强脱贫教育引导,开展扶志教育活动。《关于开展扶贫扶志行动的意见》则进一步指出,要采取有效措施,增强立足自身实现脱贫的决心信心,开展扶志教育,加强对贫困群众的思想、文化、道德、法律、感恩教育,大力弘扬"脱贫攻坚是干出来的""幸福是奋斗出来的""滴水穿石""弱鸟先飞""自力更生"等精神,帮助贫困群众摆脱思想贫困、树立主体意识。"电视+夜校+热线"的扶贫教育模式有利于加强扶志教育的针对性、及时性、便捷性和有效性，从而实现脱贫攻坚目标。

海南省创设"电视+夜校+热线"扶贫教育模式的动因有三：其一，助力扶贫脱贫政策宣讲。知晓扶贫政策是脱贫攻坚的基础，干部和群众准确理解脱贫政策成为保证脱贫质量的关键。其二，强化文化引导，培育文明乡风。电视夜校邀请脱贫优秀典型、致富能手、道德模范等进行授课，旨在营造脱贫致富光荣、俭朴婚嫁、厚养薄葬的良好氛围，自治、德治与法治相结合的脱贫文明乡风。其三，推动扶贫与扶志相结合。"输血"式扶贫助长了贫困群众"等靠要"的不良习气，不合理的政策设计和不到位的政策落实导致了"养懒汉"现象。"电视+夜校+热线"扶贫教育模式将提升贫困群众脱贫致富的信心和发展生产的能力，夯实稳定脱贫的基础。

自2016年11月开展"电视+夜校+热线"扶贫教育以来，截至2018年5月10日，电视夜校共播出85期，全省收视人数达500多万，实现了服务全覆盖。每一期有近10.6万建档立卡贫困户，约2万名驻村"第一书记"、帮扶责任人、乡镇扶贫干部、村"两委"干部集中收看，钉钉管理系统平均签到率达到99%以上。同时，"961017"热线收到群众来电37625个，生成工单36047个，办结工单35985个，办结率达99.83%，创海南收视率、热线群众拨打率、贫困人口参与度第一，真正做到精准帮扶到家到人。

二、以农民夜校推动扶志教育的过程与特点

（一）信息技术创新政策宣讲方式

电视夜校主要围绕扶志和扶智两个关键问题，以"电视+夜校+热线"的教学模式，通过快捷、直观、易学、教育面广、群众喜闻乐见的电视节目形式，为贫困群众提供学政策、学技术、卖产品、找工作、解难题、找媳妇六大帮助和好处，使"扶贫先扶志扶智"落到实处，真正做到了"送政策、送信息、送点子、送经验、送信心、送志气"，成为贫困群众的"脱贫帮手"和"精神家园"。

夜校扶贫教育课堂的搭建主要采用线上传播与实地讲解巩固相结合的方式。一是借助媒体普及扶贫知识。电视夜校整合广播电视、远程教育站点、互联网等媒介资源，以电视直播为主，远程教育终端站点重播、点播、网络在线播放、微信推送为辅，每周一晚8点在海南电视台综合频道播出1小时，为全省贫困群众提供扶贫政策、种养技术、产销信息、就业需求、诚信文化、感恩教育等各类扶贫知识，实现对帮扶干部和群众全覆盖的扶贫知识传播。二是实地讲解巩固课堂内容。"第一书记"和村干部负责组织贫困户集中观看《脱贫致富电视夜校》栏目，同时做好课后延伸，每期节目结束后，现场组织贫困群众进行座谈讨论，对一些核心内容还要用当地方言进行讲解，帮助贫困群众进一步熟悉掌握节目宣传的扶贫政策、帮扶措施等，同时结合贫困群众自身特点，探讨脱贫致富门路。三是依托广播放大带动效应。充分发挥广播电视总台旗下的海南民生广播面向农村基层、听众忠诚度高、普通话与海南话双语播出等优势，制作开播《脱贫致富广播夜校》节目，设置"脱贫政策解读""脱贫攻坚进行时""专家答疑""致

富有道"四大板块，以转录电视夜校素材、专家做客直播间答疑解惑、记者到田间地头采访录音等多种方式，并打造了电视夜校的广播版、海南话版。电视夜校受到了群众的大力追捧，一年来广播夜校共播出400多期，平均省网收视率2.29%、收视份额7.86%，晚间时段和同时段排名稳居第一位，节目的受欢迎程度从收视率可见一斑，有效助力了全省扶贫脱贫政策宣传。

同时，为保证扶贫教育培训落到实处，电视夜校栏目首创了"夜校节目＋钉钉＋热线"的监督管理模式，利用钉钉签到管理系统，对全省2783个教学点的5600多名站点管理员组织群众收看节目的情况进行监管，钉钉的实时签到率长时间保持在90.00%以上。

"电视＋夜校＋热线"扶贫教育模式除利用电视夜校栏目大力开展扶贫政策宣传之外，电视夜校还开通了"961017"脱贫致富热线，为解决基层贫困群众诉求表达信息不畅，解答群众的政策、技术疑问及产品信息闭塞等问题，把基层群众的需求信息快速顺畅地传送到各级党委政府部门。为确保不错过每位群众拨打的电话，解决每位群众所反映的困难，夜校主办方下足了功夫。在电视夜校节目播出时间，由各职能部门安排专人接听来电，在节目播出时间外的工作日，安排专门的客服人员接听群众来电，确保群众所反映的问题能够得到实时解答，遇到当场无法解决的问题，形成工单的形式，下发各职能部门，并限定在7个工作日内对群众反映的问题进行回复、处理，每10天会对各职能部门就工单处理情况进行一次通报。如果把"961017"服务热线看作是为贫困群众私人定制，那形成的工单就像是一个个的订单，根据贫困群众来电进行一对一定制服务，精准帮扶到家到人，切实解决贫困群众遇到的难题。

据有关数据统计，海南省全省11.6万户47.71万农村贫困人口，推广夜校扶贫教育模式之后，截至2018年12月底实现脱贫20.2万人，5个国家扶贫开发工作重点县农民人均可支配收入增幅高于全省平均水平。

（二）多管齐下创新扶贫教育培训

海南省电视夜校开办以来，坚持以习近平总书记关于扶贫工作重要论述为指导，按照省委的部署要求，把电视夜校工作作为精准扶贫的一项重要内容来抓，作为文明大行动的重要抓手，强化措施。通过电视夜校这个平台，既帮助贫困户强化脱贫致富能力，又加强文明大行动的教育引导，把扶贫与扶智扶志扶德结合起来，确保各项工作落实到位，取得了明显成效。从"要我脱贫"到"我要脱贫"，从"穷了咋办"到"我有办法"，电视夜校的扶贫教育不仅为贫困群众送去了技术、送去了信息，更送去了志气和信心。贫困群众通过在电视夜校的集体学习，精神面貌得到了极大改善，脱贫致富内生动力不断增强。电视夜校扶志教育培训内容的选择针对性强，同时确保教学质量，紧跟扶贫政策动向。

第一，贯彻脱贫致富精神，选好"五类教师"，丰富电视夜校扶贫教育培训内容。电视夜校开办遵循四个原则，即宣传贯彻中央、省委省政府脱贫致富有关精神，紧跟海南脱贫致富工作进程，贴近海南贫困地区特色与农事季节规律，服务海南贫困地区特色产业发展。同时选好"五类教师"，即领导干部讲政策、院校专家讲产业、帮扶干部讲方法、科研人员讲技术、脱贫致富讲经验。在电视夜校的内容学习方面，充分发挥这"五类教师"的作用，既给予精神力量，传播党的十九大精神、"扶贫同扶志扶智"脱贫致富精神，邀请党的十九大代表"现身说法"，以脱贫攻坚、生态文明、乡村振兴战略、保障和改善民生等为主题，宣讲党的十九大报告中与"三农"息息相关的内容，加深群众对党中央最新精神的领会，激发贫困群众内生动力；传授种植养殖技术知识，邀请地瓜产业带头人走上夜校讲台为广大群众介绍致富经验，引导贫困群众科学脱贫；讲解经济知识，由农信社负责人为贫困户讲授申请小额贷款政策。据初步统计，截至2018年12月28日，海南省农信社累计受理贷款申请192单，已有66户获贷放款，金额135.3万元；正在受理中109户，金额118.6万元。节目播出前，农信社每周受理发放建档立卡贫困户贷款申请约200户，播出后增至300户，贷款主要用于种植养殖、农产品加工和购买生产必需品。

第二，夜校教学着力创新，市县精心组织、乡镇全力推进，力求取得实效。每期电视夜校节目播出，各市县乡镇主要领导带头到教学点听课与讨论，听取意见建议并答疑解惑，提高群众对电视夜校的认可度。为营造良好的氛围，激发广大贫困群众观看电视夜校节目的积极性，还在节目中设置有奖问答环节，调动现场气氛，增加培训活动趣味性，着力解决"看不长、没兴趣、效果差"的问题。为避免听课流于形式，基层干部以多种多样的课后活动帮助贫困户巩固学习成果。比如，在观看完每期节目后，夜校负责人结合该地脱贫攻坚工作实际，有针对性地选择讨论主题，用通俗易懂的语言解读和引导群众展开讨论，又或是由基层干部组织带领群众进行"课后小考"，加深贫困户对扶贫政策的理解。

第三，研究制作"接地气"、针对性强的教学内容，确保教学质量。电视夜校围绕"一教二帮"的教学宗旨，安排群众喜闻乐见的内容，有专题知识讲座,为群众带去扶贫政策知识、产业发展、思想教育、扶贫典型案例、农民工就业、产品销售等教学内容。有"身边人讲身边事"的专题栏目,特别邀请那些典型的脱贫致富对象,用通俗易懂的语言为农民群众讲述自己的脱贫故事,激发贫困群众的内生动力。

第四,根据教学对象的意见建议,电视夜校宣讲与群众息息相关的内容。海南电视夜校形成了独具特色的"扶贫政策普及＋致富技术讲解＋特色产业展示＋市县扶贫经验交流＋典型宣传和感恩教育"五类模块化、渗透式的课堂教学内容,将时下最热门的就业信息、产销信息等融入夜校电视节目中。每一期电视夜校,都用最贴近群众生活的案例,为贫困群众带去实实在在的启示,包括义务教育阶段"衣食住行学"的政府兜底资助政策;产业发展的贷款贴息政策;种植养殖业中周期、效益等优势较为突出的项目等,帮助贫困群众树立脱贫致富的信心,调动贫困群众发家致富的积极性。

(三)以典型为引领开展扶志教育

电视夜校积极推动"身边人讲身边事",大力宣传先进典型克服"等靠要"思想,增强内生动力,通过自身努力摆脱贫困,以及带领贫困群众脱贫致富的先进事迹,共有近百名脱贫典型先后组织了约30场次先进事迹演讲,帮助群众树立脱贫致富的信心。

为更精确地帮助贫困群众树立脱贫信心,切实让脱贫政策落到实处,夜校的扶贫教育宣传工作成为脱贫攻坚的重要抓手,一把手亲自抓、分管负责人具体抓。驻村"第一书记"村支书下村组织所有贫困群众准时收看电视夜校节目,确保做到不落一户、不差一人;每堂课结束后,还组织大家继续进行讨论交流,杜绝一看了之、过目即忘的情况。基层干部时刻关注重点帮扶对象在夜校的学习情况,督促他们养成期期学、长期学的习惯，并切实从夜校中学有所得，早日挖掉"穷根子"，摘掉"穷帽子"，过上好日子。

电视夜校栏目组30多人走遍了海南18个市县的每一个乡镇，走入贫困群众当中，与他们同吃同住，在实地走访中挖掘鲜活的脱贫故事，同时向广大群众传播先进的脱贫经验。在走访考察中，通过户对户、人对人的方式，向贫困群众传播了最新的贷款政策、农业技术等，不仅让贫困群众感受到了国家的关怀，也使他们对扶贫政策更加了解，帮他们树立了脱贫信心。除此之外，节目组还在走访中挖掘到了不少经典的脱贫案例，并鼓励这些典型脱贫人物走上电视夜校讲台，将自己的脱贫经验分享出来，让更多的人能摘掉"穷帽子"。

电视夜校让贫困群众获益匪浅，意犹未尽，他们在观看学习后不是就此散场，而是在当地干部的带领下，把脱贫的各个疑问了解得更清楚、更透彻。海口市琼山区的基层干部每晚组织1064户贫困户分别在各镇各村委会会议室准时收看节目，并要求他们思考自己在发展中遇到的问题。节目收看结束后，由村干部组织大家对节目观看过程存在的疑问进行集中讨论分析，甚至还可以采用干部与村民一起讨论课程内容的方式，一边讨论一边解答村民的提问。这种精确到人的学习方式不仅充分调动了贫困群众参与夜校学习的积极性，拉近了干群关系，还能够集思广益共同思考未来的脱贫致富之路。通过几期电视夜校的学习之后，村民的意识悄然转变，要立志、要学习、要勤劳的观念日渐入脑入心，真正实现扶志的目的。

三、经验与启示

作为贫困人口减少幅度较小的省份，海南省创新建立"电视+夜校+热线"的扶贫教育模式,扶贫政策宣讲"下乡入户",实现精准帮扶到户到人,走出了一条扶"智"立"志"的脱贫攻坚新道路。

(一)以农民夜校为平台打通政策知晓"最后一公里"

农村政策关乎农民的生活、生产、生存等重大事项,当前,农村经济社会环境多变,政策更新速度快,宣传工作面临诸多困难。因此,了解政策是开展农村工作的基础。应大力宣传脱贫攻坚目标、现行扶贫标准和政策举措,让贫困群众知晓政策、更好地参与政策落实并获得帮扶。首先,宣传扶贫政策要结合农村实际,采用传播速度快、普及率高、直观易接受的方式,运用好农村"大喇叭"、村内宣传栏、微信群、电视节目和农村远程教育等平台,力求实时将最新的扶贫政策宣传覆盖到每个农户,让农户了解最新农村政策。其次,让群众正确理解党和国家的扶贫政策是开展脱贫攻坚的关键。采用线上传播与实地讲授相结合的方式,利用电视夜校节目展开政策宣讲,采用观众问答、线下集中讨论、基层干部"田间课堂"讲授等方式答疑解惑,巩固学习内容,缩小政策目标与政策认知之间的差距,达到农民、贫困群众和干部之间的认知平衡。最后,政策引导不能千篇一律,要"精准对口",根据实际情况着重讲授政策核心,兼顾主流导向与实际需求。农村扶贫政策的宣传应当采用直观、易懂、宣传面广的形式展开,再结合考试、交流等方式进行巩固,还可按照农民的实际需求"私人定制"讲授政策内容,真正做到精确政策宣讲"下乡入户"。

(二)以农民夜校为平台充分激发贫困群众内生动力

在以往的扶贫工作中,"输血"式的扶贫方式助长了贫困户"等靠要"的思想,"宁愿苦熬,不愿苦干"。当前,脱贫攻坚已经进入决胜阶段,剩下的都是难啃的硬骨头。为此,要转变以往的工作思路,适应时代的发展。一是尊重贫困群众脱贫攻坚的主体地位，提升脱贫致富能力。脱贫攻坚要在现有的标准下保证脱贫质量，依托电视夜校传播种植技术、市场信息、脱贫经验等致富信息，注重帮扶的长期效果，夯实稳定脱贫、逐步致富的基础。在帮扶贫困户的同时也要兼顾非贫困户的利益，防止差距过大助长"政策懒汉"。二是通过表彰脱贫先进人物，宣传脱贫典型经验的方式，帮助贫困群众树立起摆脱困境的斗志和勇气。邀请脱贫先锋人员到电视夜校讲台上分享自己的脱贫经历，帮大家树立脱贫信心，同时大力宣传扶贫政策，加强"知恩、感恩、报恩"教育，弘扬自尊、自爱、自强精神，大力弘扬"脱贫攻坚是干出来的""幸福是奋斗出来的""滴水穿石""弱鸟先飞""自力更生"等精神，激发脱贫致富的内生动力，调动贫困群众的生产积极性，防止滋生不劳而获和"等靠要"等不良风气。

（三）以农民夜校为平台扎实推进脱贫劳动技能培训

受知识和地理环境的限制，农民群众对不接地气、陈旧呆板的教育引导方式接受程度低。为此，扶志教育必须要注重创新，引入新的技术、信息工具，将科学文化知识制作成为易理解、科普性强的视频、音频等，使得教育引导与当地特色文化有机融合，创建长久的教育引导机制和方式。海南电视夜校的扶志教育给予了各地很好的参考，"电视+夜校+热线"扶贫教育模式，采用线上教育与实地讲解相结合的方式，利用电视媒体向贫困户普及扶贫政策，发挥乡村干部和"第一书记"驻村工作队贴近基层、贴近群众的优势，组织党员干部、技术人员、致富带头人、脱贫模范等开展讲习，采用"夜校节目+钉钉+热线"的监督管理模式，确保贫困户对电视夜校的参与率，同时开通"961017"脱贫致富热线，为基层困难群众解决诉求表达以及信息不畅通等问题，解答群众对扶贫政策、种养殖技术以及产品信息闭塞等方面的疑惑。电视夜校创新了扶志教育的方式方法，既因地制宜又与时俱进，真正做到利用现代信息技术，将扶贫干部与贫困群众紧密联系在一起，为群众送政策、送信息、送信心、送志气，让贫困群众真正从思想上脱贫，变"输血"式扶贫为"造血"式扶贫。

以创业致富带头人带领群众脱贫致富

——江西省石城县"党建+创业致富带头人"培育

一、基本概况

江西省石城县因"环山多石、耸峙如城"而得名，位于江西省东南部、赣闽两省交界处。全县辖 11 个乡镇，131 个行政村，1881 个村民小组，总人口 33.3 万人，总面积 1582 平方公里。

石城县是中央红军长征的重要出发地，也是革命苏区全红县。1986 年，我国实施有组织、大规模扶贫开发，石城县是首批国家级贫困县。2011 年，被国务院确定为罗霄山脉集中连片特困县。2012 年，被国务院列入"支持赣南等原中央苏区振兴发展"的重点革命老区。2014 年，全县建档立卡贫困户 13306 户，贫困人口 48519 人，占全县农村人口的 17.58%。

2015 年，脱贫攻坚战全面打响后，石城县委县政府深入贯彻党中央、国务院关于精准扶贫的战略决策，从"抓党建、立产业、促脱贫"的高度，认真落实国务院扶贫办《关于组织实施扶贫创业致富带头人培训工程的通知》精神，进一步聚焦贫困村创业致富带头人培育。经过深入调研，提出了"三个一定要有"：全县 29 个建档立卡的贫困村，73% 为集体经济薄弱村，要完成"村出列"的艰巨任务，一定要有基层党组织的核心力量领导；实现"输血"式扶贫向"造血"式扶贫转变，实现贫困人口长效脱贫，一定要有产业支撑；全县4.9万多建档立卡贫困人口中，扶贫低保户、纯低保户、分散"五保户"的贫困人口占未脱贫人口的59.5%，他们独立脱贫能力差，"要引导和支持所有有劳动能力的人，依靠自己的双手开创美好明天"，一定要有创业致富带头人的引领帮带。

为此，县委县政府将"党建+创业致富带头人"培育作为脱贫攻坚一号工程，将原来的培训上升为培育，县委主抓，县政府力推，定位为战略任务，确定了"三个必须"目标：村级党组织必须坚强，党员队伍必须做榜样，致富带头人必须带贫奔小康。与此同时，县委县政府也启动了创业致富带头人培育"千人铸造计划"，出台系列扶持奖励政策，开启多条支持发展的绿色通道，形成了一套科学、管用、务实的培育管理机制，促进了基层党建与产业发展、精准扶贫的互融共赢，为如期完成"村出列""户脱贫"的目标提供了坚实的支撑。

二、创业致富带头人培育的实现机制与效果

（一）建立双带融合机制：让基层组织强起来

坚持把基层党组织带头人和创业致富带头人有效融合作为凝聚基层力量的重要抓手，培育领头的"先行军"，建强基层组织。第一，坚持"四强"标准。把政治思想强、创业意愿强、创业基础强、带领能力强作为选拔基层党组织带头人的标准，以此带动贫困户参与创业致富。第二，坚持"三级"联审。按照"个人报名、村级推荐、乡镇初审、县级确定"的程序择优选拔确定培育对象，确保了培育对象政治合格、群众认可。第三，坚持"两个带头人"相融合。深入开展"三

培两带"活动，把致富能手培养成党员，把党员培养成致富能手，把党员致富能手培养成村组干部。注重遴选培育对象，对符合条件的村"两委"干部、村干部后备人选、农村党员，优先推荐为创业致富带头人培育对象。把积极向党组织靠拢的青年创业致富带头人，优先按程序推荐培养发展为中共党员。对符合条件的创业致富带头人，优先推荐参与村"两委"换届选举，吸纳为村"两委"干部。这样在壮大农村致富带头人的队伍时，也打造了一支"不会走的扶贫工作队"，增强农村基层"双带"能力，巩固党在农村的执政基础。自2016年起，全县建立党员创业示范基地80个，培育党员致富带头人527人，140名党员致富能手成为村组干部。2017年，全县109名培育对象递交入党申请书成为入党积极分子，129名党员培育成为创业致富带头人，基层党员成为脱贫攻坚的"排头兵"，165名致富带头人在换届中当选为村"两委"干部，村"两委"班子整体水平得到全面提升。

（二）建立考核评估机制：让基层责任实起来

坚持把考核评估作为创业致富带头人培育的"推进器"，建立责任到人、上下贯通的培育和帮带责任体系。要求创业致富带头人作出带动贫困户的承诺，签订帮带目标责任书，以本地就业、带动产业、引领创业、技术指导、资金支持等形式，帮带不少于5户建档立卡贫困户，帮助他们增收脱贫。把创业致富带头人管理列入乡镇党委、村党支部脱贫攻坚和党建工作目标管理考评内容，要求乡镇党委和村党支部落实就地帮扶措施。把服务创业致富带头人作为乡村两级党组织书记述职评议重要内容，压实基层责任，把帮带贫困户脱贫作为党员创业致富带头人"先锋创绩"主要内容。加强驻村"第一书记"对创业致富带头人的跟踪服务，对创业致富带头人的评估考核要征求驻村

"第一书记"的意见。建立创业致富带头人帮带贫困户台账，由各驻村"第一书记"对帮带台账实行即时管理，县创业培训领导小组半年一评估、一年一考核，对创业致富带头人帮带的贫困户户数及帮带前后的对比情况进行核实，重点突出帮带成效。全县422名创业致富带头人带动贫困户自主创业233人，帮助贫困人口就业3059人。

（三）建立东西部协作机制：让产业发展快起来

认真贯彻全国东西部扶贫协作座谈会议精神，主动出击，加强与发达地区的交流协作，招才引智谋发展，强力引援助脱贫。凭借优势地位，不断改善发展条件，先后出台一系列降低企业成本、优化发展环境的政策，全县亲商安商氛围浓厚，成为承接闽粤浙产业转移的洼地。在国务院扶贫办的牵线搭桥下，与福建省南安市建立友好关系，组织创业致富带头人到南安培训。与深圳市罗湖区签订《缔结友好城市战略合作协议书》，成立战略合作工作协调领导小组，设产业商贸、金融、人才交流三个合作交流小组，建立部门间常态化沟通机制，开展经济协作、商贸往来、旅游文化、人才互动等方面的交流与合作。与厦门旅游集团建立战略合作关系，开展旅游投资、管理、营销等全方位合作，推动旅游产业升级发展。同时，鼓励乡镇与乡镇、村与村、商会与商会、企业与企业之间开展交流协作，通过交流协作，拓宽贫困地区产业承接范围，提升产业水平，助推脱贫攻坚。

（四）建立培育扶持机制：让"头雁"翅膀硬起来

结合基层党建，唱好选人、育人、带人和管人"四部曲"，开展创业致富带头人培育工作，带领贫困户发家致富。坚持把提升创业能力和强化跟党走意识作为创业致富带头人炼成的关键，双管齐下，全面提升创业致富带头人素质，打造产业发展"领头雁"。推行多种方式，为各带头人免费提供创业指导和咨询服务。一是"教授带学员"。充分利用本县专家、学者授课，培育创业致富带头人；积极"走出去"，组织培训对象到国务院扶贫办贫困村创业致富带头人培训基地培训。二是"师傅带徒弟"。大胆借外力，聘请福建、湖南等外地专家、学者来石城授课。聘请外地和本地知名企业家担任创业导师，一对一签订结对"师带徒"帮扶协议。三是"大哥带小弟"。组建创业致富带头人协会，定期组织座谈交流、学习，让先行一步、创业初成的带头人"大哥"对创业途中的"小弟"现身说法，共享创业技术、信息等资源，实现合作共赢。每期培训班成立临时党支部，把习近平新时代中国特色社会主义思想和党的路线方针政策、脱贫攻坚和乡村振兴政策、法律法规知识作为必学内容。强化政治引领，提升跟党走的意识和帮带贫困群众共同富裕的社会责任感。2017年石城县分三批次组织有创业条件、有带动贫困户增收意愿的培育对象参加创业培训，再通过"1+6"的帮带孵化模式，每人帮带孵化6名创业致富带头人，2014年至2017年共培育1000名以上创业致富带头人。

坚持把产业扶贫作为脱贫攻坚最根本保障，明确金融、税费、电商、土地等一系列优惠扶持政策，多管齐下，帮助致富带头人解决创业路上的各种难题，扶持创业致富带头人发展产业。金融政策方面，设立"产业扶贫信贷通""财政惠农信贷通""创业信贷通"等多个金融信贷产品，通过政府提供风险缓释基金的方式，开发免抵押贷款，提供利息补贴。税费政策方面，在乡村建设"扶贫车间"，按面积每个车间补助30万—50万元，三年免租金和税费。加工贸易企业在工业园区建设标准厂房，每平方米奖励80元。电商政策方面，鼓励创建电子商务示范村，每创建一个达标电子商务示范村奖励10万元；对进入电商孵化园从事电商创业的，免除租金、水电费和网络费，并提供创业担保。土地政策方面，对流转土地发展新型农业经营主体的，实行奖补并优先安排基本建设项目；对在工业园创办实体经济的，以优惠价格供地并给予奖补。教育政策方面，在县城教育资源较好的学校，每年拿出90个义务教育入学名额，安排非石城户籍的企业管理人员和优秀员工子女入学。此外在旅游、光伏、农业、林业等产业发展上给予政策扶持。2018年，投入资金4490万元，建立创业致富带头人发展基金，每个乡镇建立一个创业致富项目基地。

（五）建立人才激励机制：让"凤凰""头雁"飞起来

大力实施人才回归工程，对石城籍在外的优秀人才实行"返乡召回"机制，引导一批石城籍的外出务工创业青年返乡创业，促进赣才回归。疏通在外企业家和务工人员返乡创业绿色通道，吸引在外创业成功人士回乡创业。对有明确回归意向的项目，建立"一位县领导挂点、一支小分队对接、一套优惠政策引入"的赣商回归工作保障。项目落地集中审批统一决策，为赣商回归项目提供工商注册、税务登记、办理员工社保等一条龙服务。组建石城县在外人才联合会，与石城商会联合会协同合作，推动在外石城籍人才、项目、资金整体回归。截至2018年4月，建立全县131个村（居）石城籍在外知名人士人才库和组建乡（镇）商会，对接乡贤宗亲的末端联系。每年举办一次石城人才峰会，邀请在外石城籍人才和创业投资人士携带项目、资金来石城洽谈合作，吸引各类人才关注、支持石城发展。2017年以来，先后在厦门、东莞、上海、杭州等地召开8场赣商回归招商推介会，招商引资签约项目达39个，签约金额达102.1亿元。为回乡创业人员提供全方位服务，解决后顾之忧，让回乡创业人员"进得来""留得住"。在

"凤还巢"计划的引导下，吸引222名在外打拼多年创业有成的人才返乡创业，孕育了一大批服务县域经济的发展力量。赣州市森茂置业有限公司董事长张森林返乡投资约10亿元开发乡村生态旅游项目，给当地群众带来在家门口务工增收的机会，一批基础条件稍好的群众走上经营小商品店、农家旅舍等增收致富之路。

在吸引优秀人才实施"凤还巢"计划的同时，注重发挥对内部"头雁"的激励作用。坚持把正向激励作为激发创业致富带头人帮扶动力的重要手段，树立正面典型，引导创业致富带头人强化帮扶责任，激发帮扶动力，打造一支"不走的扶贫工作队"。根据考核评估结果，把创业致富带头人分为1A到5A五个级别。对帮带5名以上贫困户增收脱贫的，授予"石城县创业致富带头人"荣誉称号，并颁发荣誉证书和授牌。同时，对评为A级以上的创业致富带头人，每帮带1户贫困户务工年新增收入达10000元以上的，奖励创业致富带头人1000元；每帮带贫困户发展产业年新增收入达10000元以上的，奖励创业致富带头人2000元。对开展贫困劳动力技能培训、吸纳5名以上贫困劳动力就业的企业和"扶贫车间"给予奖补。把创业致富带头人纳入"新乡贤"数据库和村组后备干部人才库管理，优先从中选聘扶贫创业导师。对符合条件的创业致富带头人，优先推荐参与各级党代表、人大代表、政协委员选举和村"两委"换届选举，以此确保创业致富带头人发挥长效作用。在职村书记、主任评为2A级以上创业致富带头人的，在考录选聘乡镇事业单位工作人员时给予适当加分。鼓励创业导师与创业致富带头人建立平等互利的利益联结机制或发展加盟合作。

（六）建立帮扶益贫机制：让结对帮扶"活"起来

推行"支部＋扶贫车间＋贫困户"模式。引导企业把车间建到农村，把81个"扶贫车间"搬到群众家门口，吸纳981名贫困劳动力在家门口就业。对全县有就业意向和培训愿望的贫困户建立信息台账，大力开展电子、纺织、电商、食品加工等免费技术培训。在标准化"扶贫车间"配备党员电教设备，选派党建工作指导员，组织开展党群活动。设置"扶贫车间儿童托管中心"，推行自定时间上班制，实行计件工资，让贫困群众挣钱持家两不误。2017年以来，在各乡镇和贫困村建立"就业扶贫车间"36个，吸纳就业贫困人口1000余人，投入就业培训资金786.2万元，通过技能培训帮助1060名贫困户获得了在家门口就业的机会。

推行"支部＋旅游景区＋贫困户"模式。依托地方品牌效应，借助创建"国家全域旅游示范区"契机，对接旅游强县发展战略，发挥旅游产业的综合带动作用。举办乡村旅游文化节、美食节、花展等，借助特色节日大力宣传，引导贫困户加入乡村旅游行业。成立乡村旅游协会，吸纳贫困户参与民俗表演、卫生保洁、餐饮服务等工作，实现就业脱贫。2017年以来，通过发展乡村旅游累计带动1000户贫困户就业，人均增收1500元以上。龙岗乡返乡青年赖景传创办旺龙湖旅游发展公司，建成3A级乡村级旅游示范点，吸纳30多名贫困群众从事景区值班巡逻、秩序维护、卫生保洁等工作，每人每年务工收入达18000多元。

推行"支部＋专业合作社＋贫困户"模式。引导创业致富带头人创办专业合作社，把全县85%的贫困户与农民专业合作社联结起来；在合作社建立党组织，把党在农村的政治优势和专业合作社的经济优势有机结合起来。全县为每名贫困户提供3000元，其中为贫困村的贫困户提供4000元的产业扶贫资金，通过"合作社＋贫困户"

等弹性模式，变"分散经营"为"抱团发展"，贫困户从合作社中获得产业收益和入股分红。横江镇刘谟连创办红薯粉条加工厂和优康种养专业合作社，流转土地340亩，返聘贫困户就近务工，14户贫困户实现"一块土地两份收入"；带动26户贫困户种植120亩红薯并全部订单收购，每亩纯收入达2000余元。全县通过租赁返聘带动1200多户贫困户增收。

推行"支部+集体经济产业基地+贫困户"模式。把发展村级集体经济作为增强农村基层组织凝聚力的重要保证，把产业示范基地承包或租赁给创业致富带头人，优先为贫困户提供培训和就业机会。高田镇湖坑村筹措41万元资金，与创业致富带头人陈从权合股建立茶树菇村级集体经济示范基地，吸纳13名贫困群众实现就业，村集体经济年可增收5万元。2017年，全县村级集体经济大幅增长，总量比2016年增长433.69%。

推行"支部+电商企业+贫困户"模式。以电子商务为抓手，把电子商务当作贫困户增收致富的"金钥匙"，让贫困户变身成为对接市场的网商。建成淘宝、京东县级服务中心和仓储物流中心，引导创业致富带头人建立电商企业，与贫困户签订农副产品代销协议，让贫困户参与电商产业链实现增收。琴江镇詹小荣开通淘宝石城馆，开办土特产品实体店，设立28个乡村合作点，与220多户贫困户签订农副产品代卖协议，将白莲、手工粉、翻秋花生等地方农特产品卖到全国。

推行"支部+乡村经纪人+贫困户"模式。鼓励乡村经纪人发挥信息优势，引导经纪人树立诚实经纪、规范经纪意识，积极参与农超对接、农校对接、农餐对接、农厂对接等活动。小松镇党员陈平积极对接学生营养餐供应，带动3个村群众种植蔬菜，帮助136户贫困户年增收 1500 元以上；同时，利用多年经商人脉优势，帮助 32 户贫困户销售毛竹、笋干、冬笋等，户均每年增收 3000 元以上。

三、经验与启示

（一）基层党组织是带头人发挥带动作用的坚强阵地

脱贫攻坚，党建为先。其一，培育两种"带头人"，即农村工作的领导核心——村党组织带头人；经济发展的先进群众——致富带头人。在带头人的培育过程中，应始终坚持基层党组织带头人和农村致富带头人"两个带头人"同步引领，促进二者相互融合、协同发展，注意将大批政治上靠得住、工作上有本事、作风上很过硬的优秀致富带头人吸纳到党组织队伍和基层干部队伍中，以此提升党员带头致富、带领群众致富的"双带"能力。其二，凸显基层党组织战斗堡垒作用，发挥党员带领群众脱贫致富的先锋模范作用，让农村基层工作所有力量拧成一股绳、形成一股劲，夯实脱贫攻坚的最足"底气"，为打赢脱贫攻坚战提供有力的政治保证和组织保证。通过基层党建与脱贫攻坚工作的深度融合，达到两促进、双提升的效果，真正做到"突出扶贫抓党建，抓好党建促扶贫"的良性循环。

（二）益贫特色产业是带头人形成带动力的根本方式

扶贫不是慈善救济，产业扶贫才是解决贫困问题的治本之策，"授人以鱼不如授人以渔"。应把发展符合当地自然禀赋条件的特色产业，作为创业重点，精准出击以实现就地脱贫。第一，以旅游强县为战略，发展乡村旅游，从绿色产业中提升价值、获得收益，真正把"绿水青山"变为"金山银山"；承接沿海地区劳动密集型产业，"扶贫车间"建到群众家门口，形成外源拉动与内源推动的良性发展机制。第二，充分发挥天蓝山青水绿、产业基础条件好的优势，支持投入小、技术难度低、易推广的种养产业建设发展，激发创业致富带头人和贫困群众的内生动力，开启脱贫攻坚的最强"引擎"，拔掉"穷根"，改掉"穷业"，真正实现扶贫工作从"输血"到"造血"的转变。

（三）脱贫长效机制是带头人发挥带动性的稳定保证

脱贫攻坚是一项持久性的系统工程，帮扶并非简单地对其进行技能培训，而是需要为其产业的持续发展提供多元保障，促使稳定增收。首先，正确应对贫困地区创业难，充分发挥组织化的作用，通过组织创业和对资源的利用，融合人才、项目、技术、资金、信息是必要之举。其次，建立长效帮扶机制。对创业致富带头人进行培育、培训，仅仅是"万里长征走出了第一步"，为此，应把培育重点放在项目引导、技术指导、资金筹措和信息共享等后续帮扶上，不仅"扶上马"，而且"送一程"，既坚定致富带头人创业的决心和信心，又实现项目、技术和信息的资源共享，有利于形成创业就业的新高潮，吸引贫困人口参与其中。最后，为产业帮扶项目创造先决条件，尤其是资金扶持。根据创业需求，设立政府贴息的金融信贷产品，解决创业的资金难题，为创业致富带头人创业成功并帮带贫困户脱贫致富奠定坚实基础。

以重塑贫困人口信用观念破解诚信困境
——宁夏回族自治区固原市蔡川村金融扶贫创新

一、缘起与概况

加强扶贫扶志，激发贫困群众内生动力，是中国特色扶贫开发的显著特征，是打赢脱贫攻坚战的重要举措。自脱贫攻坚以来，广大贫困群众脱贫致富信心、自我发展能力明显提高，精神面貌显著改变，扶贫扶志工作取得积极进展。然而，在扶贫政策的落实过程中，故意隐瞒个人和家庭重要信息申请建档立卡贫困户和社会救助、具有赡养能力却不履行赡养义务、虚报冒领扶贫资金、严重违反公序良俗等不良行为时有发生，有些地方情况相当严重乃至恶劣，破坏了乡村社会原来的良好风尚和社会风气，引发了农民群众以及干群之间的信任危机，对脱贫攻坚造成了不少负面影响。为此，宁夏回族自治区固原市原州区寨科乡蔡川村，以金融扶贫中的信用观念重塑以及产业发展为突破口，以重塑贫困人口信用观念破解扶贫资金、信贷等领域的诚信困境，为脱贫攻坚中的诚信监管工作提供了一条可行的实现途径，并进一步强化了扶贫扶志工作，激发了贫困群众内生动力。

宁夏回族自治区固原市原州区寨科乡蔡川村位于六盘山区，下辖5个村民小组，358户1625人，十年九旱，土地贫瘠，曾是西海固最贫困的乡村之一，被称为"山沟里的山沟"。2002年封山禁牧后，当地传统养羊产业受到制约，部分村民变卖牛羊外出打工，村民一度感觉脱贫无望。但今日的蔡川却大变样，不仅在2016年彻底摘掉了贫困帽子，还因闯出"产业引领＋能人带动＋金融帮扶"的"蔡川模式"而声名鹊起。

蔡川村立足本地资源禀赋，利用邮储银行宁夏分行的"好借好还"小额贷款产品，找准金融扶贫切入点，精准对接特色产业，构建了"银行＋合作社/致富能人＋农户"的金融精准扶贫"蔡川模式"，弥补了贫困户没有抵押担保物的短板。蔡川村将农村社会熟人资源、基层政权组织资源、合作社产业资源组合转化为现代金融的"信用资源"，为金融扶贫探索了一条新路。截至2017年7月末，蔡川村累计获得邮储银行发放的扶贫贷款2836笔1.12亿元，创造了"十年零坏账"的信用奇迹。

2016年5月，国务院扶贫办在蔡川村实地调研，充分肯定了"蔡川模式"的引领带动作用。事迹在中央农办《农村要情》刊发后，得到了国务院副总理汪洋的批示与肯定。2017年4月27日，以"宁夏银监局引导银行业金融机构助力脱贫攻坚战"为主题的中国银监会第106场银行业例行新闻发布会在北京召开，将"蔡川模式"作为成功经验推介。

如今，"蔡川经验"通过整村推进，已扩大到宁夏302个贫困村，惠及贫困农户2.7万户，固原市以"蔡川模式"为基础，同步引入政府担保，创新风险补偿机制，撬动超过40亿元金融资金投入脱贫攻坚。贫困人口信用观念逐步增强，金融扶贫的效能得以充分发挥，产业发展与脱贫致富的路子越走越宽。

二、"蔡川模式"的主要内容与特点

（一）选树奋进和奉献典型激发贫困群众脱贫信心和斗志

蔡川村通过强化典型示范，选树一批立足自身实现脱贫的奋进典型和带动他人共同脱贫的奉献典型，用榜样力量激发贫困群众脱贫信心和斗志，营造比学赶超的浓厚氛围，让贫困群众学有榜样、干有方向，形成自力更生、脱贫光荣的鲜明导向。

蔡川村当地有几句民谣，"吃水没有源，走路很艰难，三年两头旱，口袋没有钱"。在以前，养羊是村里的主业，家家户户一头牛、三五只羊、几亩薄田，勉强维持生计，发展产业更是无从谈起。村里曾经连一处像样的砖瓦房都没有，住的是破旧的窑洞，村里用水靠水窖储存雨水，一户的家底就几千元。人们的思想观念落后，老百姓没有创业的精气神，靠天吃饭、靠政府救济。

蔡川村有一批立足自身实现脱贫的奋进典型和带动他人共同脱贫的奉献典型，其中就有马金国，他早年在外做生意，经过多年的打拼，已经小有所成。2007年底，已在城里买了房安了家的马金国响应乡邻们的呼声，撇下已入佳境的生意，选择了回村发展。马金国回乡后，得到村民的拥戴，一致将村支书的选票投给了他。蔡川村土地资源丰富，有优质的牧草和饲料，有发展养殖产业优势，可以将养殖作为蔡川发展产业的主攻方向。马金国任村支书后，从解决迫在眉睫的事入手。他依托养殖的先天优势和市场行情，为村里规划了以养牛为主导产业，并购买了两头牛，开始带头转型。这个时候一道难题摆在他的面前，"发展养殖业需要资金，我们这穷山沟很难贷到款，而且大家也缺乏贷款发展生产的意识"。清除资金短缺障碍随即提上日程。2008

年，马金国主动登门向各家银行寻求贷款。门没少进，话没少说，可银行不敢相信他们的偿还能力，没人敢冒险放贷。后来，凭借几年生意积攒的人脉和信誉，中国邮政储蓄银行固原市分行看在他的面子上，决定一试。

随后，邮储银行多次来村里摸底调查，决定在蔡川村进行试点，选择有一定养殖基础的农户，创新联保方式，采用村干部、养殖能手等任意3户相互担保的形式给农户贷款。经过调查，最后给马金国贷了2万元，村里其他农户贷款1万元，一共贷了14户。一年下来，所有贷款都提前还清，每家获得了1万多元的收入，蔡川村的养殖业有了一个良好的开端。首笔金融资金的撬动，为蔡川注入了一渠活水，开了养牛产业的头，引了脱贫致富的路，更激发了村民往前奔的信心和热情。马金国带领其他13户农户齐心打造的信用，也消除了银行的重重顾虑，敲开了贷款这扇许久难以开启的门。就这样，蔡川村养牛的农户逐年增加，一批示范户、致富带头人随之涌现，带动着致富产业日渐形成。

贫困村之所以贫困，不仅源于资源禀赋匮乏，也源于文化观念同市场经济不兼容。缺乏现代信用观念不仅是贫困地区文化落后的标签，也是贫困地区农业获取金融资金和升级产业的短板。一旦通过外来力量干预与社区治理机制相融合，打通信用环节，激活农民的信用资源，进而将之转化为经济资源，农民发展经济的资金约束被打破，发展信心的提升和观念的变革也有了现实的载体。

如今的蔡川村，回到村里发展养殖业的村民越来越多，500栋标准化养殖圈棚取代了老旧的土坯圈舍，牛存栏从2008年的160多头增加到1360多头，羊存栏从1000多只增加到6000多只。养殖业坐底，特色种植、劳务产业跟进，产业路子多点开花，越走越宽。

（二）成立金融合作社防范信用风险并化解信贷难题

宁夏金融扶贫的另一个创新是，邮储银行宁夏分行选取六盘山特困区蔡川村为帮扶对象，紧扣群众实际，推进"输血"式扶贫向"造血"式扶贫转变，以小额扶贫贷款为抓手，精准对接蔡川村特色产业，连续八年持续开展金融扶贫工作，打造了"小额贷款＋熟人社会＋特色产业"，构建了"银行＋合作社＋农户"的金融扶贫"蔡川模式"。具体而言，其主要做法是：

一是推动小额贷款与扶贫开发相结合，解决农民融资难、融资贵的问题。邮储银行宁夏分行将业务聚焦小额贷款，将商业银行资源下沉到贫困村，推动了小额贷款与精准扶贫的有效衔接，实现了农户和银行的互利共赢。

二是采取"银行＋合作社／致富能人＋农户"模式，弥补了贫困户没有抵押担保物的短板。邮储银行宁夏分行积极发挥村"两委"和致富能人的引领作用，支持蔡川村成立了原州区金羚牲畜养殖农民专业合作社，为社员提供品种选育、养殖技术和市场销售等服务，为养殖户做贷款担保人，同时负责农户借款的用途审查和监督管理。这种模式既弥补了普通农户没有抵押物的短板，也打消了银行对农户偿还能力的顾虑。

蔡川村村支书马金国贷到第一笔款后，在乡党委、政府的鼓励扶持和邮储银行的帮助下，组织几个队长共同成立了金羚牲畜养殖农民专业合作社，首先上门动员10多户村干部、党员入社，抱团发展。金羚牲畜养殖农民专业合作社以"入社自愿、退社自由"为原则，采取分散养殖、集中管理、统一购进、统一销售、统一防疫、统一培训的模式，进行产前、产中、产后的跟踪服务，为蔡川村的养殖业提供技术指导和智力支持。许多观望的村民也纷纷加入进来。2009年，金羚养殖农民专业合作社社员增加到48户，合作社当年就获得了邮储银行48户共计86万元的贷款。

合作社的成立相当于在村民与银行之间建立了缓冲机制，利用村庄内部的信任机制维护着每一位村民的信用状况。与此同时，合作社也通过每年两次的代表会，反复宣讲信用的重要性，强化村民的信用意识。由于合作社的存在，银行可以更加了解村民的生产意愿和经营状况，从而能够更有针对性地提供信贷服务。

金融助力脱贫攻坚，不仅需要银行资金支持，同时也离不开贫困农户的信用作支撑。宁夏固原市原州区寨科乡蔡川村，通过培育信用观念，将精神扶贫和金融扶贫相结合，在解决农民贷款难问题的同时，提升了农户信用状况和脱贫信心，从而实现银行资金不断注入，农户产业升级、收入增加的良性循环。

三是将信用评级和信贷利率挂钩，进一步激励农民维护和提升自身信用。2013年以来，邮储银行借助扶贫部门开展建档立卡贫困户评级授信的契机，联合乡政府和村委会，共同对农户进行摸底、评审，根据村民的借款实际，将蔡川村村民分为A、B、C三个等级。A级用户可贷到8万—10万元，期限由1年延长至2年，利率由13.5%降至7.75%，延长了贷款年限，更加符合养殖生产周期，更为重要的是实现了农民长久持续获取商业贷款的目标，也通过利益机制进一步鼓励村民维护和提升自己的信用状况。

上述做法取得了多方面的成效：其一，与银行建立了良好的持续合作关系。截至2016年末，邮储银行累计向蔡川村发放贷款2700多笔，共计1亿多元，从未出现过一笔坏账。其二，养殖产业不断升级。

随着村民的信用观念提升，可获取的信贷资金规模增加，蔡川村的养殖业水平不断升级，从曾经养殖黄牛变为养殖澳大利亚进口的肉牛品种。蔡川村人均收入从2008年的不到2000元，增加到2016年的7350元。其三，激活脱贫致富内生动力。随着产业发展，收入增加，蔡川村过去"靠天吃饭""等政府救济"的观念不复存在。在村庄信用建设的同时，内生动力也重新得到激发，形成了"摞着膀子比诚信、撸起袖子加油干"的良好风气。目前，经宁夏回族自治区政府推动，"蔡川模式"已在全区推广，区内更多贫困群众因此受益。其四，严把贷款推荐审核关口，确保了贷款的安全运行。在农户借款使用过程中，邮储银行与乡政府、村"两委"紧密配合，建立了责任契约，由3家共同负责把好贷款推荐关、发放关和使用关，使得多年来蔡川村小额贷款没有出现过一笔不良贷款。截至2017年3月末，在邮储银行"蔡川模式"的带动下，全村80%以上农户从事牛羊养殖。

贷款农户越来越多，数额越来越大，信用愈加重要。村支书马金国视信用为金，他常对村民们说，不能一颗老鼠屎害了一锅汤，有困难大家帮衬，信用这块牌子不能"脏"。如今，在合作社里，小型铲车、粉碎机、收割机等现代化机械一应俱全，还有一间现代化的教室也刚刚建成，这里是他们未来的田间学校。有着丰富养殖经验的马金国，一方面指导村民了解养牛效益，另一方面积极请养牛专家授课，鼓励致富带头人一起促进养牛提质增效。

（三）建立信用评价体系实现农户融资贷款可持续发展

为实现农户融资贷款的可持续发展，邮储银行固原分行借助对建档立卡贫困户实行评级授信的政策，联合乡政府和村"两委"对农户摸底、评审，分A、B、C三个信用等级，组织对蔡川村民进行信用评价体系建设。

"好借好还"的信用观念开始在蔡川村生根发芽。以前有不良贷款记录的村民也经马金国的动员主动还款，补齐了信用短板，并以信用好为荣，由此蔡川村开始不断获得银行信贷的持续支持。蔡川村农户的信用等级逐年提高，2014年，蔡川村80%的农户都达到了A级，并被授予"信用示范村"的称号。邮储银行固原市分行的工作人员马沛祥介绍说："从2008年我们督促乡亲们还款，到现在乡亲们主动找我们还款，信贷员和村干部在蔡川村的信用建设上付出了很多。截至目前蔡川村没有一个乡亲在信用建设上掉队。"

蔡川村几乎户户养牛，全村种植红梅杏2300亩、玉米5600亩、禾草2000多亩。养殖、草畜、特色种植、劳务，因为有了邮储银行的支持，这些都成为蔡川人的致富产业。2016年底，蔡川村脱贫销号。截至2016年底，全村建成标准养殖圈棚500栋，牛存栏1920头，羊存栏6200只，人均养殖收入3400元，占纯收入的44%。2008—2016年的9年里，依托"三户联保"小额贷款业务，邮储银行宁夏分行与蔡川村建立了长效帮扶机制，对蔡川村的信贷扶持由点到面，由分散到集中，逐步扩大，整村推进。

随着村民的信用观念提升，可获取的信贷资金规模增加，蔡川村的种植养殖业水平不断升级，生活水平稳步提高，过去"靠天吃饭""等政府救济"的观念不复存在。截至2017年8月，邮储银行宁夏分行在蔡川村累计发放贷款2846户1.12亿元，从未出现过一笔坏账。蔡川村和银行建立了良好的持续合作关系。2016年10月，邮储银行又与原州区政府、宁夏农垦集团等合作，通过政府全额贴息，扶持村民养殖澳大利亚纯进口安格斯肉牛，提升养殖水平。鉴于蔡川村的良好信用，邮储银行规定，只要符合条件、有脱贫致富意愿，基本上都可以按5头、10万元的金额贷款，这就使得蔡川村民生产经营和生活条件发生了翻天覆地的变化。如今村里也发生了翻天覆地的变化，全村通水泥路、通自来水、通网络，农民都用上了手机、洗衣机、电脑，新盖的红砖瓦房有290多栋，家家都有农用车，150多户的家庭还买了小轿车。人均纯收入从2008年的不足2000元到2017年的8140元，翻了好几倍，日子越过越红火。

三、经验与启示

宁夏固原市蔡川村精准对接特色产业，构建了"银行＋合作社／致富能人＋农户"的金融精准扶贫"蔡川模式"，激活了村庄信用资源，弥补了贫困户没有抵押担保物的短板，重塑贫困人口信用观念，破解了金融扶贫恶性循环的难题。

（一）村庄信用资源的重建是金融市场参与扶贫扶志的前提

引导贫困群众知法守法，不越雷池、不碰红线，需要挖掘村庄信用资源，加强村庄信用保障制度建设，加强诚信监管。信用资源是村庄发展产业的一笔财富，如何呵护这一财富，除了用经常性的宣传工作增强贫困农民的信用观念之外，还要重视信用保障制度的建设。一家一户单打独斗，没有抵押物，抵御风险的能力弱，信用程度低，很难获取银行贷款，由此就陷入了"越穷越需要贷款，越穷越贷不到款"的恶性循环。这种恶性循环体现在观念上，就是信用观念的缺乏。在这种情况下，如果能利用村庄内部熟人担保、能人担保、组织担保等手段，建立致富带头人担保、合作社担保、"三户联保"等机制，就能激活村庄的信用资源，破解贫困农民无抵押物的困境，分散、化解信用风险。如何保障信用制度建设,例如,可以利用信用社进行贷款资格的审核和贷款用途的监管,信用社在农民确实无力还款的情况下先行垫付起缓冲作用,利用村庄的熟人纽带关系产生压力,预防失信行为,将贷款利率及金额与信用状况挂钩,等等。只有这样,才能在防止恶意违约的同时保护因客观情况被迫违约者,形成人人有信用观念、人人能守信用的氛围,破解金融扶贫恶性循环。为实现农户融资贷款的可持续发展,邮储银行固原分行借助对建档立卡贫困户实行评级授信的政策,组织对蔡川村民进行信用评价体系建设。并实行"三户联保","三户联保"中只要有一户偿还贷款有困难,其他两户都会先积极垫付还清银行贷款,村里没有一户有不良贷款记录。

(二)致富带头人的引领带动是扩大金融益贫性的有效方式

将资金贷给有能力有产业的致富带头人,带动村民脱贫致富。蔡川村依托"三户联保"小额贷款业务,邮储银行宁夏分行与蔡川村建立了长效帮扶机制,对蔡川村的信贷扶持由点到面,由分散到集中,逐步扩大,整村推进。金融扶贫,对接的是产业,没有产业,金融扶贫就成了无源之水、无本之木。因此,应结合村庄实际,探索有一定基础的、适合当地实际情况的产业,形成规模。在这个过程中,致富带头人的引领作用至关重要。致富带头人一般有较好的市场嗅觉,发现致富机会和应对市场风险的能力比普通农民要强。有这些人的带动,发展产业就会少走很多弯路,普通农户发展产业的积极性也更容易调动起来。

(三)金融扶贫与产业就业有效对接是提高脱贫能力的关键

引导贫困群众发展产业和实现就业。"蔡川模式"推动了小额贷款与扶贫开发相结合,解决了农民融资难、融资贵的问题。邮储银行宁夏分行将业务聚焦小额贷款，将商业银行资源下沉到贫困村，推动了小额贷款与精准扶贫的有效衔接，实现了农户和银行的互利共赢。支持贫困群众发展特色产业，确保有劳动力的贫困户至少有一项稳定脱贫项目。加强贫困村致富带头人培育培养，增强新型经营主体带动作用，提高贫困群众发展生产的组织化、规模化、品牌化程度。发挥好村级党组织组织群众、宣传群众、凝聚群众、服务群众的作用。着力选准贫困村发展路子，制定好脱贫计划，组织贫困群众参与脱贫项目并实现增收。推动基层党组织把农村精神文明建设抓在手上。加强贫困村脱贫致富带头人培育培养，组织和支持党员带头脱贫致富，吸引各类人才到贫困村创新创业。蔡川村成立了原州区金羚牲畜养殖农民专业合作社，引领和辐射周边318户村民发展养殖和种植业。与此同时，邮储银行选择蔡川村作为试点，把小额贷款与金融扶贫相结合，进一步助力当地农民脱贫。蔡川村党支部齐心为村民谋划致富路子，不仅发展养殖业，在村党支部的带领下，全村党员群众发扬"三苦"精神，大面积种植地膜玉米、高粱、土豆和杂粮作物，培育以红梅杏为主的经济林，探索出了"种草养畜＋生态建设＋劳务输出"的致富模式。

以"歇帮"机制惩戒不良行为

——四川省屏山县帮扶机制创新

一、问题与背景

四川省宜宾市屏山县是典型的国家扶贫重点县,属于乌蒙山片区重点县、向家坝电站库区移民县、边远山区县、少数民族待遇县,其贫困面宽、量大、程度深,具有"贫、库、边、少、生"的独特性。针对县内部分贫困群众安于现状、脱贫主体意识淡薄、一些陈规陋习现象严重等问题以及"干部忙活、群众偷闲"的现象,屏山县于2016年6月起,开始在全县78个贫困村试点建立由村民代表大会制定的"歇帮"机制,以推进扶贫扶志行动,其执行周期为3个月到6个月。通过"一本手册""两个公开""三方联动"方式,以"奖优罚劣"为导向,按照一定程序暂时停止对某些贫困户进行帮扶,以此倒逼贫困户提高脱贫积极性,变"要我脱贫"为"我要脱贫",实现"输血"式扶贫到"造血"式扶贫的转变。截至2017年8月,屏山县共"歇帮"89户贫困户,其中86户因及时端正态度、表现积极提前恢复帮扶。通过由村民代表大会制定并实行"歇帮"机制的举措,屏山县的脱贫攻坚工作也取得显著效果。

屏山县探索"歇帮"机制的主要动因如下:一是就贫困人口主观

层面而言，贫困户思想、意识层面存在"等靠要"等福利依赖观念，其自主脱贫、主动发展等内生动力不足，而"歇帮"机制则采取扶贫扶志模式，"歇帮"贫困户暂时停止享受扶贫优惠待遇与政策，此举有利于提振贫困群众精气神，破除贫困户"靠人来救济"的依赖观念，激发贫困人口内生动力；二是从客观政策层面来看，既有的扶贫政策设计和执行存在不合理之处，如帮扶标准过高、吊高贫困人口胃口、部分贫困人口产生等着政策送小康的心理等导致政策"养懒汉"。2018年10月28日，国务院扶贫办等13个部门联合发布《关于开展扶贫扶志行动的意见》，要求进一步加强扶贫扶志工作，激发贫困群众内生动力。该意见指出，应加强不良行为惩戒，开展对高额彩礼、薄养厚葬、子女不赡养老人等不良行为进行摸底调查，有针对性地开展专项治理，逐步建立治理长效机制。探索设立红黑榜，曝光攀比跟风、环境脏乱差、争当贫困户等不良行为。四川省屏山县在探索"歇帮"机制的过程中列出"责任清单"和"负面清单"，这一举措将正向激励与反向约束相结合，具有奖优罚劣的鲜明导向，尤其是通过"歇帮"治懒进行反面警示教育，引导贫困户真正认识到自己是脱贫主体，从而避免"保姆"式扶贫与政策"养懒汉"的现象，推进扶贫扶志行动的开展。

二、"歇帮"机制的政策体系与实施过程

（一）"歇帮"的基本含义

"歇帮"即暂停帮扶。四川省宜宾市屏山县初步探索的"歇帮"机制主要表现为根据村民议事规则，按照村民议定的程序，暂时停止对脱贫主动性差、好吃懒做、品行不正、违法乱纪、不积极主动参与产

业发展等贫困户进行帮扶帮助，暂时停止享受扶贫优惠政策，暂停扶贫资金、项目、技术等帮扶措施。"歇帮"并不等同于"落帮"，更不意味"不帮"，而是为了更好且更有效率地展开帮扶，通过加强对贫困人口的扶志教育管理，尤其是通过对不良行为警诫，引导贫困户真正认识到自己是脱贫主体，从而主动与帮扶指导人员共同努力，最终实现稳定脱贫的目标。

（二）"歇帮"的认定标准

探索建立"歇帮"机制的首要基础在于明确"歇帮"条件，找准"歇帮"对象，从而建立"歇帮"机制，主要以行为惩戒的方式扭转部分贫困户"等靠要"思想。

1.突出问题导向，商定"歇帮"规则。立足贫困村实际，四川省屏山县各贫困村所在乡（镇）指导驻村工作组、村"两委"和"第一书记"从如何建立适合本村的"歇帮"制度出发，组织召开村民代表大会，针对社会秩序、村风民俗、环境卫生、个人品德、遵纪守法和家庭美德等问题，由参会人员根据本村实际情况提出解决的措施办法，通过召开村民大会，逐条讨论修改、投票表决，最终形成行之有效的"歇帮"制度，并印发《歇帮手册》，做到贫困户人手一册。

2.凸显"歇帮"重点，严格执行"歇帮"制度。立足"歇帮"制度，四川省屏山县通过建立贫困户生产生活行为应为、勿为清单，明确贫困户应当做什么、不能做什么。让贫困户享受扶贫政策的同时，也面临违反规定的惩戒，实现"歇帮"机制有章可循。以"正激励"的方式，开展"励志脱贫先进个人""扶贫明星""脱贫明星"等评先活动，从而正向激励贫困户，让贫困群众兴奋起来。同时，以"负激励"的方式，从社会秩序、村风民俗、环境卫生、个人品德、遵纪守法和家庭美德6个方面，列举出推卸赡养老人责任、故意造成老人贫困、婚丧嫁娶活动中大操大办、铺张浪费、违法乱纪、参与黄赌毒等24项"歇帮"指标，对达到3项指标以上的贫困户实施"歇帮"，让贫困群众紧张起来。由驻村工作组、村"两委"有关人员和"第一书记"组成执行监督小组，对全体村民遵守情况进行监督，促进村民依规依章处事，自觉遵守"歇帮"制度。针对贫困户脱贫意愿不积极、"等靠要"思想严重等问题，柑拗村从完善村规民约入手建立"歇帮"机制，对于不参加公益活动、不按要求发展产业的贫困户，列为暂停帮扶对象，并将其名单公布在村委会公示栏。鸭池乡越红村也是屏山县首批探索试点"歇帮"机制的贫困村之一，该村将"贫困户存在有劳动能力与产业发展条件而不自食其力，'等靠要'思想严重""参与赌博屡教不改"等"歇帮"认定标准纳入村内《歇帮办法》，若属于以上情形都将暂停享受相关扶贫政策和帮扶措施。针对村内赌博现象盛行，屏山县大乘镇双峰村村规民约规定，凡赌博金额达200元的贫困户予以公示警告，赌博金额达500元的贫困户"歇帮"半年。龙华镇五桐村为整治村中在婚丧嫁娶活动中大操大办、铺张浪费的陋习，制定了相应的"歇帮"制度：贫困户举办红白喜事酒席若超过20桌便"歇帮"3个月，若超过30桌则"歇帮"半年。

3. 实行一票否决，增强"歇帮"大局观。在制定"歇帮"对象认定标准时，坚持把维护集体利益、服从集体决议、合理表达诉求作为贫困群众的基本义务和责任，规定凡是出现非法上访、无理缠访，产生危害贫困村发展大局的不良言行并造成严重后果，一经查实可直接认定为"歇帮"对象。

（三）"歇帮"的具体程序

四川省屏山县建立由"第一书记"、驻村工作组成员和村"两委"主要负责人组成的执行监督小组，严格规范考察识别程序，有效杜绝制度执行过程中作选择、搞变通等现象，确保事实清楚、处置合理、结果信服。

1.公开程序，依规认定"歇帮"对象。一是建立"歇帮"对象初步名单。由"歇帮"执行监督小组对本村所有贫困户分户建立工作台账，坚持"一月一走访、一案一调查"，每月通过上门调查、邻里访问、召开座谈会等形式，收集贫困户参与脱贫攻坚的具体情况，对符合"歇帮"认定标准的贫困户列入"歇帮"对象初步名单。同时设立举报窗口专栏，接受村民群众向所在村"两委"直接反映违反"歇帮"条例规定行为的贫困户，对于首次被举报的贫困户由"第一书记"对其进行谈话，第二次被举报的贫困户则由执行监督小组给予警告或严重警告，被举报三次及三次以上的贫困户，便交由村民代表大会讨论表决后，报执行监督小组审定列入"歇帮"对象初步名单。2017年，针对村中一户平日好吃懒做的贫困户，屏山县油房村驻村工作组与村"两委"召开会议，决定将其纳入"歇帮"对象初步名单，并由驻村帮扶干部与村干部找该贫困户谈话，限其在1个月之内改正陋习，若到期仍拒不改正，便正式对其实施3个月的"歇帮"处理。二是决定"歇帮"对象名单。初步名单交由村民代表大会讨论表决通过，报执行监督小组审定后列为"歇帮"对象，对于已确定的"歇帮"对象，视情节暂停其享受3—6个月产业发展、低保救助等方面的扶贫政策，并将其纳入执行监督小组重点监控和监督检查范围，提高日常监督检查比例、频次，确保目标明晰、程序规范、监督到位。譬如，屏山镇柑拗村为贫困户们量身定制了"借牛还牛"特色脱贫模式,即"肉牛养殖专合社+贫困户",但是正当村里帮助一位贫困村民修建好牛圈,并打算将村中肉牛专合社为贫困户购买的牛寄养到他家时,2016年7月这位贫困户却反悔"借牛还牛"帮扶计划,外出打工与村内断绝联系,经村民代表大会表决后,他成为全村首个"歇帮"对象。再如,书楼镇新大村也有一位被"歇帮"的贫困村民,该村民原本申请了养护通村硬化路的公益岗位,但自2017年3月开始,这段硬化路经常出现垃圾,路边沟渠也未能及时疏通。新大村"第一书记"多次提醒该村民,却迟迟不见他行动。因此,村委会对其进行了3个月的"歇帮"惩罚,在"歇帮"期间,他未能领到村里发放给贫困户的化肥、饲料和鸡苗等物资,也没有对其开展其他的帮扶工作。

2. 公开晾晒,促使"歇帮"对象改正。四川省屏山县各贫困村通过向社会公开晾晒"歇帮"名单,暂停其享受的部分扶贫优惠政策,让百姓"评头论足",让违规者在社会公众的舆论压力下紧张起来,促使其建立起取消"歇帮"、更正名声的目标,自觉遵守村规民约和"歇帮"制度,使其达到铭刻于心、勤奋脱贫的效果。一方面,"歇帮"的贫困户在村里没有面子,乡里乡亲们都知晓他们被暂停帮扶一事及其原因,大家"异样的眼光"和"纷纷的议论"能够激发他们的廉耻心,提振贫困群众精气神,让他们主动认识到自身错误,及时调整心态,重拾甩掉"贫困帽"的决心。另一方面,"歇帮"让贫困户有"逆水行舟,不进则退"的紧迫感。"歇帮"后,贫困户相关的产业扶贫、易地搬迁等优惠政策都被按下"暂停键",只能眼睁睁看着左邻右舍的贫困村民享受扶贫政策,逐渐走出生活困境,过上富裕日子,难免会"眼红"。通过"歇帮",贫困户便会懂得珍惜这来之不易的机会,彻底摒弃"等靠要"的陈旧思想，积极脱贫致富。例如，屏山县五峰村一位贫困村民本是计划易地扶贫搬迁户，然而当村内其他贫困户早早动工建新房时，他却故意拖延，认为时间拖得长，搬迁补助亦会相应提高。2016年2月，五峰村"第一书记"许智与村干部商量后，决定让该贫困户"歇帮"3个月，期间村里拒绝了此贫困户所主动提交的发展产业贷款申请，当他看到其他贫困村民已顺利住进新房，而自己却只能居住于土墙倾斜的老房屋之中，该贫困村民的落后思想开始逐步松动，最后他主动找到"第一书记"承认自己脱贫不积极的错误。

（四）防止"脱帮""落帮"的举措

为加强对"歇帮"贫困群众的后续管理，四川省宜宾市探索建立有效的防范机制，聚集基层组织、帮扶干部、社会团体等力量，针对"歇帮"贫困户因户施策，防止贫困群众"脱帮""落帮"。

1.落实责任督促帮。针对村中"歇帮"贫困户，由执行监督小组、驻村工作组、村"两委"，按照"一户一策"的原则，制定"复帮"措施，落实责任人员，确保"歇帮"不"落帮"。

2.基层组织巧力帮。村"两委"作为基层组织加强对"歇帮"贫困户后续关注，协调解决其基本生产生活困难，组织参加"农民夜校"，加大对"歇帮"贫困户的思想教育和感化，大力宣传脱贫致富先进典型，引导贫困村民树立自力更生、艰苦奋斗的创业精神。

3.帮扶干部智力帮。屏山县结合贫困户自身实际，聚合"第一书记"、驻村工作组、村"两委"负责人、对口帮扶干部等驻村力量，与"歇帮"户结对子，深入"歇帮"贫困户家中开展扶志教育，耐心细致宣传脱贫攻坚政策措施，帮助"歇帮"贫困户梳理贫困原因和脱贫需求，完善帮扶计划和发展目标，让贫困户看到主动脱贫的前景，鼓励其早日脱贫致富。通过与"歇帮"贫困户谈心谈话转化其惰性思想，强力帮教以倒逼贫困户主动参与脱贫。屏山县柑㧐村虽然暂停了对几户贫困户的帮扶，但是驻村工作组的工作却未停滞，而是通过"歇帮"贫困户的亲朋好友对其做思想工作，工作组成员与村干部也多次到这些贫困户家中开展交流、沟通与解释工作。

4.社会团体齐力帮。充分发挥贫困村比较优势，按照统筹规划、错位发展的原则，确立主导产业，引进龙头企业、专合社和种植养殖大户，建立"龙头企业＋贫困户""专合社＋贫困户"等包户帮扶机制，譬如屏山县柑㧐村制定了以"茵红李"种植与养牛产业为主的产业发展计划，并采取"肉牛养殖专合社＋贫困户"的模式，激励"歇帮"贫困户主动参与到脱贫实践中来。

（五）"复帮"的条件与程序

"歇帮"并非主要目的，而更有效地对贫困户开展"复帮"才是"歇帮"机制推行的真实意涵所在，因此，加强"复帮"条件认定有利于推进扶贫扶志行动的开展。在"歇帮"期间，贫困户经过思想政治教育、法律法规教育、感恩奋进教育，能自觉遵守"歇帮"机制各项条款，对所违反条款有深刻认识，主动改变自身不足，在"歇帮"到期后，通过向村"两委"提交"歇帮贫困户复帮申请书"，由村"两委"组织召开村民小组会投票决定是否对"歇帮"贫困户"复帮"，并形成会议决议。村"两委"将会议决议上报乡（镇）人民政府备案后，恢复其原有的帮扶机制。屏山县越红村规定，当"歇帮"贫困户相关行为纠正后，可主动向村"两委"申请，经村民代表大会审议通过后，贫困户便可恢复享受相关扶贫政策和帮扶措施。而屏山县柑㧐村首位"歇帮"贫困户在经历3个月的"歇帮"处罚后，认识到自身错误，主动联系执纪监督小组,并承诺愿意加入柑拗村"茵红李"种植发展计划,按要求完成产业发展目标,2017年初,经村民代表大会表决后取消其"歇帮"处罚。

三、经验与启示

四川省屏山县所探索的"歇帮"机制,主要通过"负面清单"的形式对"等靠要"思想严重的贫困户采取适当的惩戒措施,破除了贫困户"等着政策送小康"的懒汉心态与"靠人来救济"的依赖观,从而成功倒逼贫困户主动参与脱贫。

(一)精准脱贫应以贫困人口的自主脱贫精神为内在驱动力

当前不少贫困人口存在思想贫困与精神贫困问题,主动脱贫意愿不强,自我发展能力不足,致使扶贫效果大打折扣。因此,贫困治理的根源应当从贫困人口的自主脱贫精神这一主观层面入手,加强扶贫扶志教育,尊重贫困群众的首创精神和主体地位,发挥贫困群众主体作用,着力改变贫困户与脱贫致富不相匹配的思想、观念与意识。屏山县通过探索实行"歇帮"机制,建立正负责任清单,加强不良行为惩戒与反面警示教育,以扶贫扶志激发贫困群众内生动力的做法,有效转变贫困群众理念思维,提升贫困群众立足自身实现脱贫的信心决心,破除其"等靠要"的依赖观念,变"要我脱贫"为"我要脱贫",从而激发贫困户内生动力,实现自我"造血"。

(二)贫困治理应以乡村社会及其运行规则为切入点

精准扶贫精准脱贫涉及宽广的领域与不同的环节,最大的短板在村庄(社区),最有潜力的领域也在村庄(社区)。乡村社会作为熟人社会或半熟人社会,具有其自身所特有的治理架构与社会文化规则。

贫困治理应充分发掘乡土社会内部的特色文化资源，发挥村民治理机制和组织作用，并因地制宜弹性规划脱贫路径。从四川省屏山县的实践探索来看，以下两项经验值得关注：一是运用村规民约以强化贫困人口的自我治理，传承艰苦奋斗、勤俭节约、勤劳致富、自尊自强、孝亲敬老、遵纪守法等优良传统，引导贫困群众自觉遵守、自我约束。二是利用农民的面子观念等乡土伦理，实现村内贫困人口之间的相互监督与制约，从而在提升基层治理水平的基础上，建立起一套乡村社会内部有效脱贫机制。

（三）打好脱贫攻坚战需要建构新型扶贫理念与机制

尽管政治动员式扶贫手段较为有效，但此类动员方式往往缺乏可持续性。由于贫困是可逆的，尽管通过外力帮扶可以较快改变贫困状况，但仅依靠外力又会强化贫困对象的依赖性，从而弱化贫困人口的内生活力，一旦外在帮扶力量发生改变，贫困人口很快便会陷入返贫状态。如何有效保持扶贫行动的连贯性与稳定性，这就需要推动贫困治理工作向常规化与制度化转型。对此，必须转变治贫理念，"发育综合性的贫困治理机制和贫困治理结构，并开展扶贫制度的供给侧改革"。[1] 以贫困群众的内生需求为贫困治理导向，但不能一味地迁就贫困人口，建构适应新型贫困形势的新体制。加强扶贫扶志工作理论创新和实践创新，形成外部多元扶贫与内部自我脱贫的互动机制。从而增强贫困群众自我发展能力，确保贫困群众持续稳定脱贫。

---

[1] 李小云、许汉泽：《2020年后扶贫工作的若干思考》，《国家行政学院学报》2018年第1期。

以优秀传统文化应对精神贫困

——山东省济宁市、临沂市精神扶贫行动

一、背景

从全国整体来看,山东省的贫困人口较少,脱贫攻坚任务相对较轻。截至2017年底,山东省贫困人口17.2万人。在人口分布上,大部分集中在菏泽和临沂2个市、20个脱贫任务比较重的县、200个重点扶持乡镇和2000个省扶贫工作重点村,即"4个2"地区。在致贫原因上,因病致贫占61.2%,因残致贫占12.9%,因缺劳力致贫占13%,因缺技术、缺资金致贫占11.3%,其他占1.6%。在人口构成上,60岁及以上老年人占48.6%,其中80岁及以上老年人占11.2%,身患病残的占58.3%,无劳动能力和丧失劳动能力的占72.5%。自从脱贫攻坚战打响以来,山东省高度重视精神扶贫,从思想转变、技能培训、产业就业、孝善养老、移风易俗、基层组织等方面着手,解决部分贫困户既没想法,也没办法,"等靠要"思想严重等问题。

山东作为孔孟之乡,是儒家文化的发源地,"老吾老以及人之老,幼吾幼以及人之幼""天行健,君子以自强不息""鳏寡孤独废疾者皆有所养"等历史文化积淀,为脱贫攻坚提供了充足的文化养分。济宁有着深厚的历史文化底蕴,曾孕育出东夷文化、儒家文化、运河文化

等优秀的传统文化，素有仁爱向善、扶贫济困、乐善好施等传统美德。临沂是著名的革命老区，也是沂蒙精神诞生地，"爱党爱军、开拓奋进、艰苦创业、无私奉献"的沂蒙精神也是引领老区人民战胜贫困、全面奔小康的强大精神动力。2018年10月28日，国务院扶贫办联合12个部门出台《关于开展扶贫扶志行动的意见》，明确要求加强扶贫扶志工作，激发贫困群众内生动力。提升乡风文明水平，持之以恒推进农村精神文明建设，着力培育文明乡风、良好家风、淳朴民风。在贫困地区开展文明村镇、文明家庭、星级文明户等创建活动，推选"好婆婆""好媳妇""好夫妻""好儿女"，推广设立扶贫孝善基金。为此，山东省济宁市和临沂市充分利用地域人文优势，将优秀传统文化与精准扶贫紧密结合，推动外部帮扶与内生动力"双轮驱动"，着力开展扶贫扶志行动。

二、主要举措与效果

（一）以沂蒙精神为指引，营造自主脱贫氛围

在脱贫攻坚的过程中，山东省委出台《关于大力弘扬沂蒙精神的意见》，将沂蒙精神作为打赢脱贫攻坚战的"红色引擎"，建立爱国主义教育基地，破解"等靠要"思想，营造"造血"式扶贫氛围；并通过开展宣讲、送政策下乡、编制扶贫手册等，把党的声音传递到基层，把沂蒙精神植入贫困群众心中，为打赢脱贫攻坚战源源不断地输送"精神给养"。

1.宣讲沂蒙精神，营造扶志氛围。"爱党爱军、开拓奋进、艰苦创业、无私奉献"的沂蒙精神，是山东人民在革命、建设和改革开放的历史进程中形成的民族精神，和延安精神、井冈山精神、西柏坡精神

一样，是党和国家的宝贵精神财富。通过宣讲沂蒙精神，把沂蒙精神植入贫困群众心中，营造扶志氛围，促使贫困者生发依靠自己的勤劳和智慧脱贫致富的主动心志。

2. 依托儒学课堂，激发脱贫愿望。2017年，山东省建成村级"儒学讲堂"7000个，开展活动3万余场，参与群众400万人次。如山东省济宁市在建设弘扬优秀传统文化首善之区的工作实践中，将和善向上、忠孝仁义的儒韵民风与精准扶贫相结合，通过推行乡村儒学、孔子学堂等模式，聘请专业讲师深入农村社区长期授课。截至2017年12月，济宁市举办乡村儒学活动3300余场。以"不讲天边讲身边"的方式和厚实的儒学文化基础，以文化人，激发群众的脱贫愿望。

3. 通过树立典型，焕发脱贫斗志。山东省通过典型示范带动和扶贫事迹感化，发挥了示范和激励作用。如菏泽市启动了"'精准扶贫，永恒记忆'主题摄影"活动，在全市选取100个典型村、户、企业，组织摄影专业人员和爱好者集中拍摄，让身边土生土长的"凡人"典型现身说法；从基层脱贫户中选取有代表性的脱贫案例，编制成《菏泽扶贫60例》。通过脱贫典型事迹激发贫困群众脱贫内生动力、增强自我发展能力，倡树典型发挥带动作用，大力宣传新时期扶贫精神，唤起贫困群众脱贫致富的斗志。用身边人身边事教育群众、开导群众、激励群众，激起贫困群众脱贫斗志。

（二）以传统文化和现代文明为引领，创新精神脱贫路径

扶贫要先扶志，只有内心有脱贫的志气，才能从心里根除贫困群众的依赖思想，彻底戒掉"等靠要"的依赖心理，生发依靠自己的勤劳和智慧脱贫致富的主动心志。

1. 树立孝善养老风尚，扭转因老致贫困境。基于山东60岁以上的

老年贫困人口占53.8%的客观情况,即贫困人口中老年人占比过半的状况,山东省注重传承儒家"孝文化",发扬孝亲敬老中华传统美德,把孝德文化与精准扶贫有机结合,建立正面激励、道德约束、舆论监督机制,引导子女自觉履行赡养义务,倡树良好家风。一是实施"孝诚爱人"工程,开展"好婆婆""好媳妇""好儿女"等评选活动。二是成立养老理事会,签订养老协议,通过养老行为"红黑榜"形成道德舆论压力,教育和督促子女养老敬老。2017年,全省农村设立善行义举四德榜9万多个,旨在将乡亲四邻奉养老人、尊老爱幼、助人为乐的典型事迹记载并进行宣扬,潜移默化地影响贫困群众。三是成立孝善基金。通过子女拿一点、社会捐一点、财政补一点,在村级设立孝善基金,子女每月缴纳100—200元,由基金按比例给予10%—15%的补助,定期发放钱或实物给老人,改善老人的生活,走出了一条"子女尽责、集体担责、社会分责、政府履责"的农村老人脱困之路。2017年,全省建立各类孝善基金12841个,募集资金2.53亿元,惠及老年人62.35万人。

2.弘扬优秀传统文化,推动"非遗"产业扶贫。山东省认真学习贯彻习近平总书记视察孔子研究院的重要讲话精神,着力挖掘和弘扬齐鲁优秀传统文化,承载起薪火相传、文化传承、以文化人的历史重任。实施"传承弘扬优秀传统文化十大行动",聚力打造一批文化品牌,全省上下形成了官方与民间、城市与乡村、对内与对外、顶层设计与基层探索有机结合、整体推进的工作格局。首先,利用"非遗"保护传承体系,优先把贫困人口纳入"非遗"传承人群,鼓励"非遗"传承人收徒传艺向贫困人口倾斜。其次,以文化产业推动扶贫,挖掘和利用丰富的非物质文化遗产资源,实施传统工艺振兴计划,发展

"非遗"衍生品电商，推进"互联网+传统工艺"，壮大齐鲁民俗文化产业，拉动贫困村农民就业，促进增收。

3. 宣讲现代先进文化，重塑乡村文明风尚。通过宣传、灌输现代先进思想，以及引领和示范教育等综合性措施引导困难群众，从思想上淡化"贫困意识"，明白幸福美好的生活要靠勤劳的双手，经过奋斗来创造，促使他们彻底摒弃"等靠要"思想，努力"主动脱贫"，树立信心、鼓足志气，最终激发贫困群众形成脱贫致富的强烈意愿，并积极用自己勤劳的双手主动摘掉贫困的"帽子"。以红白理事会、"喜丧大院"、"村民礼堂"、乡村文明电影、公益短信等载体，重塑乡村文明新风尚。把思想道德教育与广大群众喜闻乐见的民风民俗结合起来，进村入户宣讲先进文化，做到思想性与艺术性的统一、民俗性与时代性的融合。例如，全省指导成立红白理事会，制定章程，明确标准，积极倡树喜事新办、丧事简办、厚养薄葬的文明风尚。截至2017年，山东全省已成立农村红白理事会8.6万余个，建立"喜丧大院""村民礼堂"等红白事办理场所5756个。通过宣讲先进文化，重塑乡村文明风尚，遏制和杜绝消极、落后的不良文化，繁荣农村文化市场，从而满足人民多方面、多层次的文化需求，激发贫困群众形成脱贫致富的强烈愿望。

4. 改变滞后的生产、生活方式，多渠道转变人们的价值观念。一方面要移风易俗，扫除贫困地区各种封建愚昧的陈规陋习，建立农村生活新风尚，特别是在家庭生活、社会生活、人际交往、闲暇消费等方面要加大改革力度，坚决遏制吃喝风、超生风、迷信风、赌博风等不良风气。另一方面，要逐步转变贫困人口的生产、生活方式，使其接触并融入新的生产、生活方式，从而创造出一种新的精神生活。落后地区生存方式和活动方式的转变，不外乎外面的人"走进去"和落后地区的人"走出来"，以吸纳他种文化的信息，将自己融入另一种文化发展的过程。山东省下属市、镇、村都实行了移风易俗的办法。如菏泽市推行丧事就餐"一碗菜"，沂水县推进乡镇公益性公墓全覆盖，淄博市临淄区南太合村红白喜事"份子钱"限额5角钱。移风易俗让文明节俭在农村蔚然成风，贫困群众甩掉"人情枷锁"，极大提升了归属感和认同感，引导农民树立健康、文明的文化娱乐消费方式，遏制和杜绝消极、落后的不良文化，繁荣农村文化市场，满足农民多方面的精神文化需求，提振了贫困群众艰苦奋斗、追赶小康的信心和勇气。

（三）以差异化政策措施为依托，创新贫困治理策略

根据贫困者家庭、年龄及身体状况的不同，贫困人口个体间存在需求差异，我们在开展扶贫工作时要量体裁衣，在尊重个体独特性的基础上，将扶贫工作的综合性与个体化相结合进行精准扶贫。山东省在脱贫攻坚道路上，尊重贫困者个体独特性，实施针对性的扶贫方式。针对有创业能力的贫困户，提供小额扶贫贷款等资金支持；针对有就业意愿的贫困户，创办"扶贫车间"或设立互助扶贫公益岗位，实现贫困劳动力就地就近就业；针对有劳动能力的贫困户，开展特色种养业或新型经营主体带动，实现项目扶贫。

1. 针对有创业能力的贫困户，提供小额扶贫贷款等资金支持。在精准扶贫政策实施过程中，金融机构如何真正落实金融精准扶贫，是一个值得思考和实践的课题。金融精准扶贫主要从建设金融扶贫服务站、发放扶贫再贷款、小额贷款、"两权"抵押贷款试点四个方面，深入推进金融精准扶贫。山东省在金融精准扶贫小额贷款推进中取得了一定实效。

山东省东明县累计投入金融扶贫风险补偿资金和贴息资金2614万元，发放小额扶贫信用贷款8589万元，支持发展冬暖式蔬菜大棚种植、葡萄种植、食用菌种植、家禽养殖、糕点制作、百货零售、工艺品加工等众多类型扶贫产业，共惠及贫困户1608户。

针对贫困户建设光伏电站自筹资金不足问题，山东省单县出台了《单县小额信贷光伏扶贫实施方案》，明确了县扶贫办、乡镇及村委会、银行、供电公司、光伏企业各方的责任。单县将省480万元光伏扶贫专项基金作为贷款风险担保金，经金融机构放大10倍使用，推进村级光伏扶贫电站建设。合作银行创新开办"光伏贷"，对贫困乡镇、村庄实施小型集中式光伏电站工程，发放最高不超过30万元、利率为5.75%、期限延长为8年的贷款。电站所有收益全部归村集体所有，在还款周期内年收益不低于10000元。

2. 聚焦留守贫困群体，针对有就业意愿的贫困户，创办"扶贫车间"或设立互助扶贫公益岗位，实现就地就近就业扶贫。山东省注重深度开发贫困群众能力，力图使贫困人口发展有本钱、脱贫有项目、就业有岗位，实现有尊严脱贫。一是为有劳动力的贫困户提供就业创业平台。为有创业能力的贫困户提供资金，支持建档立卡贫困户、带动贫困户就业的企业发展生产，着力解决贫困群众发展产业缺资金的问题。二是鼓励支持农业龙头企业、农民合作社、家庭农场等新型经营主体。通过吸贫入社、就业带动、股份合作、结对帮扶等方式，把贫困群众纳入产业链条中来。在此基础上，积极推广就地就近就业扶贫模式，按照"产业化带动、标准化建设、规范化管理、高效化利用"的思路，利用乡镇、村集体闲置土地、房屋，创办不同形式的"扶贫车间"，让贫困人口在家门口就业，增收脱贫，实现挣钱、顾家两不误。

设置扶贫专岗，提升贫困人口自我发展能力。山东省设立了互助扶贫公益岗位，采用政府购买服务的方式，聘请农村留守人员，尤其是留守妇女作为护理员，结对照顾贫困老人，为其提供做饭洗衣、打扫卫生、代购代办等服务。如山东省德州市乐陵市认真贯彻落实习近平总书记"扶贫先扶志""救穷不救懒"的指示精神，基于乐陵建档立卡贫困户中，低保和"五保"贫困人口占总数的78.5%，因病因残和年老体弱的贫困人口占85%的客观情况，围绕"扶贫专岗，互助扶贫"这一举措，着力解决贫困人口内生动力不足和老弱病残幼贫困人口脱贫难题，实现了"扶贫"与"服贫"的双赢。扶贫专岗的开发与设置对象为：有劳动意愿但劳动能力较弱，或因其他原因不能外出务工的人员。主要职责是为深度贫困的老弱病残幼群体提供日常照料、就医护理、助残服务、代办事项、情感疏导等有偿服务，既让上岗人员实现就近就地就业脱贫，也帮助了深度贫困群体实现脱困。

3. 针对有劳动能力的贫困户，开展特色种养业或新型经营主体带动，实现项目扶贫。产业项目扶贫是以市场需求为导向，以当地的资源禀赋为基础，通过对贫困地区可利用资源的合理开发，设计出一套适合当地发展的各环节相互协调的完整产业链体系，通过产业链建设推动地区发展的扶贫模式。[①] 可见，产业扶贫是脱贫攻坚的根本之策。例如，山东省高新区准确把握本地特点，尊重贫困群众意愿，采用宜农则农、宜工则工、宜商则商原则，研究制定切合实际的产业扶贫方案，让尽可能多的贫困群众通过发展产业实现脱贫，围绕贫困户脱贫，紧紧抓好以大棚瓜菜生产为主的产业扶贫，加大产业投资力度，投资

---

① 徐翔、刘尔思：《产业扶贫融资模式创新研究》，《经济纵横》2011年第7期。

2700万元。再如，为做大做强扶贫产业，增强扶贫项目抗御市场风险的能力，提升扶贫项目的带动作用，巨野县整合涉农资金7235万元，培育扶贫大棚基地，集中建设冬暖式温室大棚290个，探索出了一条"规模化、专业化、基地化"产业项目扶贫的新路子，其做法主要体现为三点：一是集中使用资金，培育扶贫基地；二是统一招标建设，提高建设标准；三是规范经营管理，实现互利共赢。

4. 创立帮扶到村到户的双向承诺机制，制定有针对性的帮扶措施，提升政策落实精准度。山东省菏泽市针对部分贫困村、贫困户存在着安于贫困的宿命观、遇到困境的逃避观、"等靠要"的思想，为激发贫困群众通过自身努力实现脱贫的意识，点燃群众思谋发展的希望，使贫困群众坚信通过自己的双手能脱贫致富，组织1267个市县单位与1578个省扶贫工作重点村签订精准扶贫到村双向承诺书6312份，4.9万名干部与22万贫困户签订精准扶贫到户双向承诺书。双向承诺机制把扶志作为扶贫的重要前提，鼓舞了贫困群众自立自强的勇气和信念。菏泽市鄄城县创造性地开展了"一户一案"，根据每个贫困家庭的致贫原因，结合贫困群众的生活技能、生产经验、兴趣爱好等，有针对性地制定帮扶措施，进行个性化帮扶。通过找一条脱贫门路、培训一门技术、送一套生产工具，逐渐把贫困户培养成走街串巷、收摊看铺的"生意人"，种植养殖、加工制作的经济能手。

（四）以贫困人口能力提升为导向，阻断贫困代际传递

扶贫必须扶智。一方面，要让贫困群众懂得"既要苦干，更要巧干"的道理，并获得脱贫的相关技能和智慧，加以积极运用，从而自主能动地脱贫；另一方面通过对贫困人口后代的教育和培训，阻断贫困的代际传递。扶志的目的是解决贫困群众在脱贫上不想干、不敢干的

问题，扶志之后，扶贫工作还要再进一步推进，要在能力上弥补好贫困群众的短板，让他们在脱贫上变得能干而且会干，让他们的子女脱离贫困的起点困扰。因此，扶贫要有效果必须做到高效扶贫，在此过程中，扶智是必由之路。

1.开展贫困人口技能培训，提升贫困人口实用技能和脱贫能力。教育扶贫是指针对贫困地区的贫困人口进行教育投入和教育资助服务，使贫困人口掌握脱贫致富的知识和技能，通过提高当地人口的科学文化素质促进当地的经济和文化发展，最终摆脱贫困的一种扶贫方式。[①] 针对一些贫困群众文化程度低、劳动能力弱、技术水平差的"素质贫困"问题，山东省从提高贫困群众的文化素质和实用技能入手，着力提高贫困群众的脱贫本领。一是根据贫困户技能需求、培训意愿等，开展免费技能培训，推广"田间课堂""大篷车下乡"等短平快的培训模式，把课堂搬到"田间地头""村屋院落"，让贫困群众能就近就地学技能。二是围绕乡村特色产业和家庭服务业发展，开展"农家乐""渔家乐""藤编""柳编"等特色产业培训和"大嫂""大姐"等家政品牌培训，提升农村贫困人口特别是农村妇女的致富技能。

2.全面改善贫困地区办学条件，优化贫困地区教育资源配置。2014年山东省教育厅等5个部门共同发布了《山东省教育厅等5部门关于全面改善我省贫困地区义务教育薄弱学校基本办学条件的实施意见》，力争经过3—5年的努力，使贫困地区义务教育学校教室、桌椅、图书、实验仪器、运动场和音体美器材等教学设施满足基本教学需要；学校宿舍、床位、厕所、食堂、饮水等生活设施满足基本生活需要；

---

① 谢君君：《教育扶贫研究述评》，《复旦教育论坛》2012年第3期。

全省所有义务教育薄弱学校办学条件得到整体改善，教育资源配置进一步优化；满足农村留守儿童学习和寄宿需要，村小学和教学点正常运转等。山东省"全面改薄"规划覆盖全省15个市111个县（市、区）的9765所项目学校，规划投入420.88亿元，建设校舍2139.47万平方米，惠及460多万名学生。

3. 强化义务教育保障体系，阻断贫困人口致贫返贫的穷根。治贫先治愚，扶贫必扶智。山东省在脱贫攻坚过程中，以深化教育培训为抓手，斩断贫困根源，实现了从"输血"式扶贫向"造血"式脱贫的转变，调动了贫困群众的积极性、主动性、创造性。既着力解决一些地方科学文化素质偏低、精神生活匮乏的问题，又放眼长远，深化基础教育，阻断贫困代际传递、彻底拔掉穷根。一是建立了控制辍学率、保证入学率的动态监测机制。二是分类制定了控制辍学率、保证入学率的实际措施，对2495名不在校学生逐一核查，准确掌握情况，认真分析原因，分类采取措施，做好劝返复学工作。三是将残疾儿童入学作为重中之重，实施特殊教育行动计划，对残疾学生实行"一人一案"，全部纳入学籍管理。对重度残疾孩子，提供送教上门或远程教育等服务。

4. 健全教育资助保障体系，实现教育扶贫政策全覆盖。教育是阻断贫困代际传递的治本之策。山东省对建档立卡的贫困家庭学生，从学前教育到高等教育实行资助全覆盖。从2016年春季学期开始，免收学前教育保教费、普通高中学生学杂费、中等和高等职业学校学生学费，每名学生每年平均发放1000—3000元的助学金；对于升入大学的贫困学子免除学费，按照每人每年3000元发放国家助学金。2016年以来，全省统筹资金6.66亿元，资助贫困家庭学生42.7万人次，参加高考的13985名"寒门学子"全部录取入学。鼓励支持未升入普通高中的农村初中毕业生接受职业教育，让他们具备就业创业能力，从而带动整个家庭摆脱贫困。另外，山东省还构建了贫困农村留守儿童关爱体系，通过设立留守儿童关爱活动室，探索建立"四点半学校"，将课后农村留守儿童集中起来统一照管。

三、经验与启示

（一）聚焦贫困人口致贫原因、资源禀赋和脱贫需求，提升精神扶贫政策的针对性和有效性

精准扶贫精准脱贫是一项政策性、实践性很强的工作，需要建立在对贫困人口的致贫原因和脱贫需求精准、深刻把握的基础上。对于贫困人口而言，只有精准把脉，才能精准施策，也才能实现政策的精准性、针对性和有效性。其具体实施路径有：第一，针对半数以上的贫困人口具有一定劳动能力、就业愿望较强烈、文化程度低、缺技术、年龄偏大、因病因残致贫、家庭养育负担重等状况，开展"扶贫车间"就业脱贫模式，并针对贫困村贫困户差异化的资源禀赋和脱贫需求，推行"一户一案""一村一品""一人一岗"脱贫攻坚工程，提升贫困人口的自我发展能力。第二，针对上述贫困人口的致贫原因和脱贫需求，对一些电商发展基础较好、返乡创业人员较多的贫困村，深入实施"互联网+精准扶贫"战略，探索电商扶贫模式，实现贫困人口就近就业，调动贫困人口的内生动力。第三，针对贫困人口中老年人占比较高、因老致贫现象较普遍的现状，倡导孝善文化，设立孝善基金，实施孝善扶贫。

（二）传承和弘扬传统文化资源，为精神扶贫提供文化底蕴

从政策指向和实践导向上看，扶贫与扶志、扶智相结合，最终要回归到精神和文化层面，应当运用精神和文化的路径和手段进行精神扶贫。从全国各地的贫困地区和人口分布来看，革命老区往往是贫困人口分布比例较高的地区，贫困面、贫困程度和贫困发生率指标也相对较广、较深、较高。为此，需要结合地方性知识即传统文化和红色文化，为精准扶贫精准脱贫注入内在动力。山东省的探索主要有两个层面：一方面，从党建扶贫的角度，传承革命老区的革命传统和红色文化，将"爱党爱军、开拓奋进、艰苦创业、无私奉献"的沂蒙精神作为打赢脱贫攻坚战的"红色引擎"，通过教育培训等方式提升贫困人口的精神状态；另一方面，立足于孔孟之乡和儒家文化发源地的地域优势，弘扬"孝文化"，将孝德文化与脱贫攻坚结合起来，实施"孝诚爱仁"工程，开展"好婆婆""好媳妇""好儿女"等评选活动，成立养老理事会，设立孝善基金，树立孝善养老社会风尚。

（三）运用多元化、综合性方案，系统应对文化贫困和贫困代际传递

扶贫与扶志、扶智相结合，精神扶贫所牵涉的贫困生成、发展与延续机制是一项复杂的系统工程，单靠一种方案和手段是难以从根本上解决的，需要深度、全面挖掘文化贫困和贫困代际传递背后的内在机理，并将其转化成政策方案。从山东省的政策实践来看，以下三项经验是值得关注的：其一，根据贫困户的技能需求和培训意愿等，开展免费技能培训，提升致富技能，培育致富能手，实施典型示范带动活动。其二，通过对患病贫困人口全部实行"两免两减半"政策、"先

诊疗、后付费"政策和全部购买"扶贫特惠保险",集中救治患大病贫困人口,对贫困白内障和血友病患者免费救治,实施健康扶贫,保障贫困人口的身体健康。其三,对建档立卡的贫困家庭学生从学前教育到高等教育实行资助全覆盖政策,并构建贫困农村留守儿童关爱体系,实施教育扶贫,阻断贫困代际传递。

以红色文化助力扶贫扶志行动

——河南省林州市红旗渠精神

一、背景与概况

"有条件要上，没有条件创造条件也要上"是河南省林县（今林州市）人民修建红旗渠时犟脾气的体现，而正是依靠这种战天斗地、不惧艰险的犟脾气才得以重整林县，造就出"自力更生、艰苦创业、团结协作、无私奉献"的红旗渠精神。50多年以来，林州人民从红旗渠精神中不断汲取营养，积极推动精神财富向物质财富的转换，谱写出"战太行、出太行、富太行、美太行"四部曲。如今，红旗渠精神又成为林州人民脱贫攻坚的信念之本和动力源泉。

林州市位于河南省最北部的太行山东麓，地处豫、晋、冀三省交界处，山多坡广是林州市的一大自然限制。全市总面积2046平方公里，总人口108万人，辖16个乡镇4个街道办事处，一个国家级红旗渠经济技术开发区，属河南"三山一滩"重点扶贫区域。截至2016年，全市仍有贫困人口7620户18369人，贫困村57个。近年来，林州依托红旗渠这一红色资源，充分发挥和弘扬红旗渠精神，主动出击，多策并举，不等不靠，激发贫困村庄群众的内生动力，在市委市政府和贫困群众的双向努力下，全力奋战脱贫这块"硬骨头"。

林州市采取"扶贫、扶志、扶智"三位一体的扶贫模式,开展红旗渠精神"五进"活动,开办农民夜校,鼓励干部和群众发挥自力更生的精神,实现由"要我脱贫"到"我要脱贫"的转变。林州市持续举行"十佳最美扶贫人""十佳自强脱贫户"的评选表彰活动,将红色文化与经济发展相结合,因地制宜,发展当地特色产业。林州市推行以红色文化助力脱贫攻坚的做法主要有两个动因:一是红旗渠精神是林州人民与大自然抗争的真实历史写照,是千百年来这方水土赋予林州人民的精气神,并将其上升为"自力更生、艰苦创业、团结协作、无私奉献"的红旗渠精神。习近平总书记指出,红旗渠精神是我们党的性质和宗旨的集中体现,历久弥新,永远不会过时。这种精神激励着一代又一代的林州人自力更生、艰苦创业,推动林州市经济社会发展取得了显著成效。二是在新的历史时期,把绿水青山变为金山银山,改变贫困群众的生活面貌,仍然需要把红色基因融入脱贫工作的全过程,以当年修建红旗渠的信心和决心推进脱贫,并转化为贫困群众主动脱贫的内生动力。

以传承和弘扬红旗渠精神为依托,林州市在脱贫攻坚工作中取得了阶段性的成效。2015年度实施脱贫项目45个,完成脱贫4000人;2016年度脱贫4127人,易地搬迁5500人;2017年度实施脱贫项目251个,光伏、工业企业、特色农业等产业扶持项目实现贫困人口全覆盖;累计为4930户贫困户发放金融贷款7.15亿元,金融带贫覆盖率达到81%,完成461户992人搬迁安置任务,13个贫困村成功摘帽,5474人顺利脱贫;2018年,林州市15个贫困村实现脱贫摘帽,895户2298人顺利脱贫。林州市脱贫攻坚工作取得的成绩获得了广泛的认可,国务院扶贫办党组书记、主任刘永富率领党员干部到林州市开展"学习红旗渠精神,坚决打赢脱贫攻坚战"主题党日活动时,给予了充分肯定。

二、主要做法与成效

(一)精神激励　干部带动

1.以红旗渠精神为动力源泉,充分发挥精神支撑和文化滋养的积极作用,激发贫困群众脱贫致富的内生动力。林州人民在林县原县委书记杨贵的带领下用双手在太行山腰建成了长达1500公里的"人工天河"红旗渠。在当下的脱贫攻坚战中,同样需要有一批急先锋的引领,实现由点到线再到面的突破,激发林州市贫困群众主动脱贫的能动性和创造性,充分发挥"自力更生、艰苦创业、团结协作、无私奉献"的红旗渠精神,用红色精神武装头脑,树立脱贫光荣的理念和志向。

2.以基层一线干部为抓手,让脱贫攻坚一线干部有为有位,为全面打赢脱贫攻坚战提供坚强的组织保证。林州市在脱贫攻坚战中,坚持抓好脱贫攻坚一线干部,充分发挥他们深入群众、了解民情的优势,把脱贫攻坚任务扎实落实到基层,在脱贫攻坚战中涌现出了一批能吃苦、有干劲、能干事的一线扶贫干部,他们经风雨、受历练,在脱贫攻坚中不断增强群众意识、锤炼扎实作风、提高工作能力,进一步充实基层力量,推动着林州市脱贫攻坚工作向纵深推进。为打造一支懂扶贫、会帮扶、作风硬的扶贫"铁军",林州市通过专题培训、晨会培训、"扶贫大讲堂"等多种方式,加强日常性培训,共培训各级扶贫干部和致富带头人27000余人次。

一线干部的优秀代表、城郊乡荒庙村村支书郁林英坦言:"刚开始,村干部都存有'私心',以为多报一户是一户,这样更多的村民就可以得到帮扶。其实这样的想法是不正确的，也正是因为有这种'私心'才导致后来出现的一系列矛盾。"从 2015 年开始，作为村支书的郁林英充分团结村民，发挥无私奉献的带头先锋作用，瞄准机遇，村"两委"协商拿出财政扶贫资金 75 万元，建设了 6 组 20 千瓦分布式光伏发电站。作为村民的主心骨，郁林英充分发挥林州人所特有的不信邪的犟脾气，克服区位条件和薄弱的基础设施制约，积极招商引资，把"乡邻农果"项目落户荒庙村，成为搭建村民农副产品与市场之间的桥梁。每年获得的收益不仅可以用于救济贫困群众、增加村民收入，还成为荒庙村摆脱省级贫困村的助推器。荒庙村充分发挥了红旗渠精神，以实际行动为林州市其他贫困村庄和贫困群众提供了示范效应，是唤起贫困群众拼搏与奋斗的一剂良药。

3. 以树立典型为措施，激发全市脱贫干部工作积极性，用榜样力量激发贫困群众脱贫信心和斗志，营造"比学赶超"的浓厚氛围。树立典型一方面是对有功干部给予充分肯定，另一方面是激励想干事、会干事、能干事的干部，主动投身到脱贫攻坚一线战场发挥作用、体现价值。全市组织开展 2017 年度"十佳最美扶贫人""十佳自强脱贫户"评选表彰活动，其中"十佳最美扶贫人"评选出了任村镇盘龙山支书王生有、城郊乡庙荒村支书郁林英等一批带领群众脱贫的基层干部。在河南省组织开展的"十大扶贫人物"评选中，任村镇盘龙山村"独臂支书"王生有也榜上有名。王生有同志拖着残缺的肢体，继承老书记杨贵"没有条件创造条件，重新安排林县河山"的精神和魄力，带领群众硬化 4 公里长的出村山路，解决了村民与外界沟通不便的难题，不仅有利于村民"走出去"，而且方便外界的人员和信息"走进来"。同时，发挥修建红旗渠时自力更生的精神，新建、翻建了 3 个蓄水池，解决村民长期吃水难的问题；团结和领导村民充分利用盘龙山村现有的资源和条件，进行植树造林，提高花椒、药材等山货产量和销量，以达到效益最大化来提高村民的经济收入。王生有带领村民脱贫致富奔小康的故事在林州市的大街小巷被人们广为传颂，其不惧艰难险阻，"敢教日月换新天"的意志和魄力，体现了红旗渠儿女应有的精神气概，更是无数的贫困群众寻找脱贫方向的指路明灯。

（二）四级联动全面推进脱贫攻坚

脱贫工作任务重，政府部门齐出手。20世纪60年代在县委县政府的带领下，林县人民不惜耗费十年之功，"引漳（河）入林（县）"解决吃水问题，铸就伟大的红旗渠精神。如今脱贫攻坚这一难题摆在了林州人面前，林州市委市政府接过前人的火炬，高举红旗渠精神这面旗帜，再次走上征途。

1.组织健全，领导有力，责任明确，有效保障脱贫攻坚工作任务落到实处。2017年，林州市委市政府成立以市委书记王军任政委、市长王宝玉任组长的脱贫攻坚领导小组，明确三名县级领导主抓脱贫攻坚工作，发挥市领导的带头作用，为扶贫工作定下基调。为了进一步明确责任主体，提高工作效率，林州市实行四大班子领导分包乡镇、贫困村的责任制，把任务分配到具体的个人。全市共组建村级脱贫责任组534个，落实帮扶责任人6100余人；明确101个帮扶责任单位，组建驻村工作队108个；河南省、安阳市、林州市派驻"第一书记"140名，乡镇包村干部542名。从而形成每个乡镇（街道）都有县级领导分包，每个村都有包村干部，每个贫困户都有各级党员干部职工分包的县乡村三级帮扶体系。第一，林州实行"1+14"专班体制，成立了由县级领导分别挂帅的金融就业、工业扶贫等14个推进专班，要求市四大班子领导管行业、管扶贫，管政策、管落实，管项目、管推进。每周市、乡、村三级都要召开例会，每周一调度，逐项对标，攻克难点。第二，压实四级责任。下沉县级领导力量，市四大班子领导每周至少抽出一天时间深入乡镇参与脱贫攻坚；明确每周五为全市"集中帮扶日"，要求市直单位负责人走访分包帮扶村所有贫困户；实行镇党委书记、镇长分包辖区贫困户责任制，每周至少拿出三天时间抓扶贫；明确村级责任组长、"第一书记"、村"两委"干部、驻村工作队、帮扶责任人五方职责，有层次、有秩序地开展工作。形成了干群一体，鼓起战天斗地的红旗渠精神与脱贫决战到底。

2. 分工明确，部门协作，形成全市脱贫攻坚工作一盘棋。林州市构建了各部门分工协作的工作格局，重点明确教育、交通、水利、卫计、民政、人社等49个部门为脱贫攻坚成员单位，发挥团结协作的精神，形成脱贫攻坚合力。一是注重政策宣传。在全市举行大规模的行业部门政策宣讲会，各部门一把手宣讲扶贫政策，通过电视直播的方式，把扶贫政策传递到千家万户，从而更好地推动政策的运行速度和效率，实现部门与群众之间的双向互动。二是抓好政策落地。红旗渠精神是党的性质和宗旨的集中体现，因此落实政策，为人民服务，不仅是党的性质和宗旨的体现，更是对红旗渠精神的继承和发扬。在就业扶贫方面，深入排查贫困劳动力就业情况，先后举办"精准扶贫转移就业"招聘会6场次，举办各类技能培训班67期，18—60周岁有劳动能力4748人，实现就业4447人，就业率93.6%，确保就业一人，脱贫一户。健康扶贫方面，在省市确定的43种门诊慢性病的基础上，林州市又结合实际新增14种门诊慢性病，提高报销费用、报销比例。2018年贫困人员享受医疗保险补助23027人次，补偿金额2594.8

万元。推行签约医生服务，享受"先诊疗、后付费"达4194人次。教育扶贫方面，建档立卡贫困家庭学生全部得到资助，共资助4977人，资助金额455万余元。金融扶贫方面，累计发放各类金融扶贫贷款7.8亿元，惠及5022户贫困户，受益率达到82.6%。危房改造方面，开展危房清零活动，解决了172户住房安全问题。安全饮水方面，投资691.87万元，为10个贫困村进行安全饮水基础设施建设，惠及贫困人口480人，安全饮水全部达标。生态扶贫方面，为755户贫困人口发放退耕还林粮食补助7.88万元，为986户贫困户发放公益林补偿11.05万元。综合保障方面，2018年建档立卡贫困户中有5508户9659人享受低保待遇，累计领取低保金1810.86万元，634户649人享受特困待遇，发放供养金248.815万元。为贫困残疾人发放辅助器具1085件，为407户重度残疾户家庭实施无障碍改造。养老保障方面，由市财政出资70.96万元为7096名贫困人员缴纳2018年保费，已享受待遇4328人，实现了应保尽保。

（三）因地制宜推进产业扶贫

产业扶贫是根本的扶贫，是可持续的扶贫，该扶贫方式不仅要让贫困户实现脱贫，而且还要让贫困户增收致富可持续，不返贫。产业扶贫涉及面广、覆盖率高、受益人多、效益时限久，在脱贫攻坚战中居于主导地位。产业扶贫在解决贫困人口生存和发展问题上有十分重要的作用，它是从"输血"式转向"造血"式扶贫的关键和核心，是贫困地区可持续发展的根基，是贫困户精准脱贫的依托，能真正帮助贫困地区实现拔"穷根"、促脱贫、稳发展，达到巩固扶贫成果的根本目的。

林州市各级各部门及广大扶贫干部充分认识到产业扶贫的重要性，坚持主抓产业扶贫，久久为功，持续发力。

1. 认清"短板",明确目标,厘清思路,科学规划。产业扶贫不能"眉毛胡子一把抓",要坚持"两点论",抓重点。要真正有效推进产业扶贫健康发展,确保产业扶贫有的放矢,不走弯路;摸清底细、抓准制约经济发展的"短板"是关键。林州市为做好顶层设计,加强政府对产业扶贫的规划和统筹,充分调研,认识到林州市境内山多地少,有近200万亩的山岗坡地,是制约林州市发展的一大障碍。但是血液中流淌着红旗渠精神的林州人不信邪,自力更生,创造发展条件,使得劣势变优势,短处变长处。

从2013年起,林州市委市政府为了解决山岗坡地的困难,每年拿出1000万元的专项资金,根据当地实际条件来发展相应的产业,如今在林州市地处坡地地区的各乡镇已经形成了任村化龙山、东岗万宝山等林果产业,东姚、桂林小米等小杂粮产业,横水、原康冬凌草和茶店菊花、黄芩等中药材产业,东姚、原康畜牧饲养业。截至2016年下半年,面积在100亩以上的特色林果业高效精品园区达到87个,使"荒山野岭"成了村民口中的"金山银山",不仅富了村民的口袋,而且拉动了当地经济的增长和相关产业的发展。

"村里坡地多,平地少。近年来,我们因地制宜发展坡地经济种起了菊花。菊花成了我们的摇钱树,让我们群众脱贫致富了。"茶店镇胡家沟村村民兴奋地说。茶店镇位于林州市南部,是有名的菊花之乡,通过种植菊花带动5000名农民就业,成功转变外部对于茶店镇穷山僻壤的主观看法,从而达到了由自力更生的精神财富向物质财富的过渡。"一颗红心两只手,自力更生样样有",石板岩和原康等乡镇根据当地独有的气候条件,在山顶岗坡上面种植农作物藜麦,藜麦被联合国粮农组织称为"营养黄金",亩产250公斤左右,原粮价格12元/公斤,每亩产值可在 3000 元左右，加工包装后为 100 元/公斤左右，目前原康和石板岩等乡镇已经种植藜麦 500 多亩，成为当地村民重要经济来源。

2. 挖掘特色资源，发展优势产业。产业扶贫既可以通过抓短板、补短板的方式开展，也可以通过精准选择扶贫产业，因地制宜、突出特色，不断提升产业规模化水平的方式推进。林州市在解决山岗坡地制约的基础上，认识到不同地区的不同矛盾，在已有一定规模产业的地区，紧跟社会发展实际，因时而变，调整思路，力争将主导产业做大做强，形成特色，找到新的脱贫点。

"三九严寒开桃花，三伏酷暑结寒冰"。位于石板岩镇西北部的桃花洞村拥有丰富的旅游资源，整个村庄都处于国家 4A 级旅游景区内，但是因为无法形成规模效应，导致村内生活水平低，青壮年劳力外流严重。"第一书记"马春萍以红旗渠精神为引领，积极投身建设村庄的行动，深入到村民中去，通过走访调查民意，确立了"发展旅游兴村，围绕旅游富民"的扶贫思路，打造了"桃花别苑"特色旅游项目，让村民"吃旅游饭、干旅游活、挣旅游钱"，逐步实现全村整体脱贫。截至 2016 年底，全村和旅游公司签订合同的村民 138 户，既找到了脱贫致富的新方法，又走上了一条绿色可持续发展的道路。

林州人民以红旗渠精神为引领，充分发挥主观能动性。山岗坡地成为村民致富的聚宝盆，光秃秃的石头山也成了抢手货。通过发展坡地经济产业和特色旅游，林州人民因地制宜，变废为宝。2018 年，林州市发挥优势，持续发力，壮大工业、建筑业、乡村旅游业、特色农业、光伏五大产业，确保每个贫困户至少享有三项以上产业扶持措施，人均年收入达到脱贫标准，出现了"巾帼扶贫车间"等一批有代表性的扶贫项目，初步形成了"市有支柱产业，镇有主导产业，户有增收项目"的良好局面。

三、经验与启示

林州市以"自力更生、艰苦创业、团结协作、无私奉献"的红旗渠精神作为立市之本。林州市把传承和弘扬红旗渠精神作为脱贫攻坚的切入点，用先进典型激励贫困群众。党政机关发挥统筹领导作用，以当地实际情况作为落脚点，开辟了一条以红旗渠精神为动力的红色脱贫攻坚道路。

（一）红色文化是激发脱贫内生动力的重要精神资源

红色文化是我们党的宝贵财富，在不同的历史时期都发挥过巨大作用。在新时期，我国面临脱贫攻坚的巨大挑战，发扬红色精神，重视红色文化尤为重要。红色文化具有不竭的生命力，为党和政府提供源源不断的能量。面对脱贫攻坚任务，党和政府是红色精神的引领者，是群众背后的大靠山，不仅需要考虑脱贫的可持续性，而且要考虑脱贫攻坚效率和速度，更要注重脱贫质量，让脱贫攻坚经得起历史和实践检验。林州市依托红旗渠干部学院、红旗渠纪念馆等阵地，广泛开展红旗渠精神"五进"等系列活动，同时通过办"农民夜校"、技能培训班等多种形式，广泛传播红旗渠精神，增强了林州人的自信心，激发了人民群众的创业热情。以红旗渠故事做底色，教育广大群众继承发扬艰苦奋斗的优良传统；以红旗渠儿女做典型，培养群众增强坚决打赢脱贫攻坚战的勇气和魄力。

（二）通过典型示范将红色文化转化为脱贫内生动力

自力更生、艰苦奋斗的精神是中国人民千百年来性格和品质的积淀，是流淌在血液里的因子，榜样的力量是唤醒贫困群众这一精神的重要催化剂。第一，通过宣讲榜样的具体事迹，形成脱贫攻坚的推力，动员社会各方力量积极参与脱贫工作，凝聚社会合力。宣传脱贫致富先进典型和带动他人共同脱贫的奉献典型，总结推广脱贫致富成功经验，用身边人、身边事教育、引导身边人，让贫困群众学有榜样、干有方向，形成自力更生、脱贫光荣的鲜明导向。第二，正确的价值导向促成良好的行为方式，促使贫困群众的价值观念由"要我脱贫"向"我要脱贫"转变，而榜样则是中国精神的继承者和发扬者，是贫困群众主动脱贫的先行者。林州市组织贫困群众认真学习习近平总书记关于扶贫工作的重要论述，进一步抓牢思想、文化、道德、法律、感恩等领域的教育，大力弘扬"脱贫攻坚是干出来的""幸福是奋斗出来的""滴水穿石""弱鸟先飞""自力更生"等精神，帮助贫困群众摆脱思想贫困、树立主体意识。

（三）扶贫扶志要充分立足地方特色资源和文化禀赋

当前，经济发展日新月异，产业调整与更新换代频繁。对于乡村社会和农民群众来说，机遇与挑战并存。因此，农民群众应秉持敢打敢拼、自力更生与艰苦奋斗的高昂斗志和精神气质，把压力变为动力，找到一条把物质脱贫与精神脱贫相结合的道路。脱贫攻坚和乡村振兴首先应以当地的实际情况为出发点，因地制宜，发展符合地方条件的产业，防止邯郸学步。林州市支持贫困群众发展特色产业，在有条件的地方提高产业发展生产的组织化、规模化、品牌化程度。其次，村"两委"应当发挥连接村内与村外的窗口作用，不仅要"走出去"，还要"引进来"，设计有效的发展思路和方案。林州市始终坚持"以高质量党建保障高质量脱贫攻坚"的要求，在2018年村"两委"换届工作中，大力整顿贫困村软弱涣散的党组织，选优配强带头人，壮大村级集体经济。目前全市73个贫困村均实现了5万元以上集体收入。村级集体经济壮大后，40%的收入用于精准扶贫，全市所有贫困户均享受到了村集体经济带来的收益。最后，村民根据自身条件定方向、抓机遇、谋发展，不仅要有脱贫的动力，更要坚定脱贫的精神信念，在实际行动中贯彻中国精神。

以红色电商引导贫困人口创业就业

——江苏省宿迁市"支部＋电商"乡村发展模式

一、背景与概况

江苏省宿迁市是国家扶贫改革试验区,全省六大脱贫攻坚重点片区有3个在宿迁,全市有188个省定经济薄弱村、66万低收入人口,均占全省的1/5以上,是全省贫困面最广、贫困程度最深的地区。为此,宿迁利用区位优势和资源,以互联网为技术支撑,以电商为引擎,以党建扶贫为突破口,开拓了"支部＋电商"的脱贫攻坚和乡村发展新路径。

2015年以来,宿迁市委市政府先后出台《关于加快推进网络创业的实施意见》《加快发展"互联网＋农产品营销"三年行动计划(2015—2017)》等系列文件,市委组织部制定"支部＋电商"党建富民"1+5"系列文件,鼓励开展网络创业,扶持农村电商发展,推动基层党组织对接"天线"连通"地线"、牵手电商、致富百姓,助力乡村发展。宿迁开展"支部＋电商"创新行动主要有三个动因:一是助推脱贫攻坚和乡村振兴。基层党建是脱贫攻坚和乡村振兴的重要助推器,党建扶贫也已成为我国精准扶贫的主要模式和关键经验之一。二是强化非公党建工作。目前,自然人网店和微商增长迅猛,不在"小个专"

范畴，但也属于非公经济，党建工作基础薄弱。宿迁开展电商党建工作，旨在实现电商党建取得新突破、非公党建组织全覆盖。三是推动电商发展壮大。电商群体普遍存在党员占比偏低，党组织吸引力较弱，党在电商中的领导力不够、先进性不足、凝聚力不强等问题。电商党建将提升其组织化程度，推动电商经济发展壮大。

通过实施"支部＋电商"党建富民工程，党在电商领域的影响力和渗透力明显提升。据统计，截至 2017 年底，全市 5.9 万家网店中有五分之一为党员或入党积极分子开办，销售份额超过 40%。"支部开网路、带领群众富"已成为宿迁抓党建、促脱贫奔小康的生动实践。截至 2018 年 4 月，全市触网农产品达到 4600 种，农产品网店突破 3 万家，全市累计有 5600 名低收入农户成为网店店主、5.2 万低收入人口直接参与网络经济，农民新增收入 70% 来源于农村电商。

二、"支部＋电商"乡村发展模式的过程与特点

（一）党组织与互联网对接创新党建工作

搭建线上"党员移动之家"和线下"党员活动中心"，形成三级网商党组织网络。一是依托网商协会建立网商党委。2015 年 11 月，宿迁工商局与商务局联合指导成立了宿迁市电子商务（网商）协会（简称网商协会）。2016 年 4 月，宿迁市委组织部批复同意组建中共宿迁市电子商务（网商）协会委员会（简称网商党委）。二是依托电商企业建立企业支部。对于不具备建立党支部条件的小微电商企业以及个人网店，吸收其加入直属党支部。对于经营规模较大、已建党支部的电商企业，按照"一方隶属，多重管理"原则，联建党支部。三是依托行业分会建立行业支部。按照"协会党委＋行业支部"的思路，在每个行业的

龙头企业设立网商党支部，以党支部积聚该行业的网商党员。为此，在互联网上搭建的网商党员QQ群、微信群、公众号、企业号、党建专栏等，以及在线下构建的"网商党委+企业支部+行业党组织"体系，形成了"互联网上有堡垒，互联网下有基地，党建工作全覆盖，线上线下无死角"的大网商党建格局。

用信息技术化解非公党建难题，创新党建工作模式，提升党建工作实效。其一，运用信息技术改造党组织联络方式。网商具有虚拟性、隐蔽性、分散性等特点，大大增加了"组织找党员、党员找组织"的工作难度。2016年5月，利用微信发布"网商回归党员回家"的朋友圈推送，短短2天时间，全市推广人数就达到100万人次，收到有效党员会员信息120条。其二，运用信息技术改造党组织表决方式。2016年8月，利用微信企业号会议功能，采取场内场外相结合的方式完成了网商党委首届领导班子的选举工作。现场参会党员32名，场外线上参会党员47名。事先将11名候选人信息上传到微信公众号，与会代表在手机上投票，候选人的票数实时同步呈现在每位代表的手机上，确保选举公平公正公开。其三，运用信息技术改造党员学习方式。利用手机直播、手机视频、电子书等方式开展教学活动，党员还可以随时登录APP学习。设立党课直播室，利用手机、电脑等进行党课直播，将本地红色教育基地以3D虚拟现实形式搬到网上，吸引党员关注和在线参与。

（二）网络代购密切党群、干群关系

网络代购是"支部+电商"的雏形。目前，京东合作点、淘宝服务站、苏宁易购农村服务点已遍布全市各村（居），绝大多数合作点、服务站设在村部或村部附近，既方便农民办事，又方便他们购物。目前，已实现1461个村（居）合作点（服务站）全覆盖，其中50个为全国"淘宝村"、29个为省级"电商村"，群众借力"互联网+"实现买全国、卖全国。

"代买代卖"服务，方便了群众生活，让群众真正得实惠，也成为基层党组织服务群众的重要抓手和途径。村民们纷纷说："动动鼠标上淘宝，价格便宜质量好，就在村部来购物，不用老往城里跑。"在宿豫区曹集乡天通庵居委会，一辈子没上过网的刘大爷，在居委会工作人员的帮助下，学会了网上购物。现在，买东西到支部已经成为刘大爷的一个习惯。不仅是代买，代缴水电费、网上销售自家土特产，都可以在居委会由专人替广大村民实现。宿迁市委常委、组织部长李健说："过去村级组织阵地经常是静悄悄的，除了正常村级业务，老百姓几乎不主动与村里党员干部来往。自从有了网络代购，党员干部必须服务到门到位，增加了百姓与党员干部之间的接触机会。"

在"一买一卖""一来一往"中，村级组织阵地由"静"变"闹"、党群干群关系由"远"变"近"。群众来学习咨询的多了，党员干部上门服务的多了，贴心的服务拉近了党群、干群距离，打通了联系服务群众的"最后一公里"。泗阳县裴圩镇陶万村依托新建的村党群综合服务中心，设立电商服务站，通过电商孵化中心的扶持培育，全村新增网店37家，带动100多户村民"触网"致富，同时，拓展基层党组织服务群众的新载体，新增了包裹代收、手机充值、水电费代缴等各类网上便民服务项目，搭建了密切党群、干群关系的连心桥。一位村支部书记也表示，过去一到晚上村部基本没人，而如今村民晚上没事就会到村部找代购、取货、聊天。

（三）党员示范、支部带领实现富民奔康

"今年我们村里的5名发展对象有3名是电商户，他们政治素质强、带富能力强……"沭阳县庙头镇庙头社区党委书记王彬骄傲地说。庙头镇是宿迁市6个中国"淘宝镇"之一，该镇直接从事花木电商的人数超过5000人，而且党员电商户发挥着示范引领的作用。随着电商的蓬勃发展，生产经营中也出现了假冒伪劣、以次充好、不正当竞争等问题。针对这些问题，宿迁市制定出台"红色电商"培养计划，强化红色引领，将党员培养成电商，将电商培养成党员，将党员电商培养成红色电商达人。利用三年时间新培养了不少于3000名电商为入党积极分子、2000名"红色电商"和100名"红色电商达人"。2017年累计培育电商预备党员330名、正式党员184名，将643名党员培养成了电商。泗阳县苏花花生专业合作社党支部书记李亚娟联合112名党员电商，倡导"我是党员我光荣，诚信经营走在前"，在网店首页亮明党员身份，公开承诺"不销售假冒伪劣产品、不进行虚假宣传、不制造虚假交易、不泄露顾客信息"。挂牌经营后，顾客的反响异常热烈，店铺每天的访问量比以前多出十几倍，成交量也迅速飙升。"真的没想到，买家对'党员'的认可度这么高，比砸钱做广告的效果还要好。"目前，苏花花生专业合作社已在本地和周边地区发展花生种植面积1.3万余亩，累计带动农户1600余户，网店月销售额近100万元，小花生闯出了大市场。

群众富不富，关键看支部；产业强不强，支部是领航。宿迁突出党支部的政治引领，探索形成"支部+电商+合作点（服务站、孵化中心）""支部+电商+合作社（龙头企业）""支部+电商+协会"三种实现形式，充分挖掘基层党组织在引领农村发展、服务群众

创业方面的正能量，推动电商健康快速发展。宿豫区新庄镇在杉荷园专业合作社设立党总支，在3个家庭农场设立党支部，做到技术服务"一条龙"、对外联络"一张网"、互帮互助"一家亲"，实现入社农户年增收2000余元，形成了"杉荷园内党带农，合作社中党旗红"的良好局面。宿豫区大兴镇集东村喜糖盒产业在发展初期，由于商户之间互相压价、恶性竞争，一时间信誉透支、市场萎缩，十几家网店濒临倒闭，近百人的就业岗位面临危机。关键时刻，村党组织出面，帮助成立喜糖盒产业协会和党支部，吸纳35户网店加盟，通过确定"统一标准、统一生产、统一价格、统一物流"行业规范，引导组团发展，形成"基地生产、村民加工、网络销售、物流配送"一条龙服务体系，极大地提升了市场竞争力。目前该镇喜糖盒销量占淘宝同类产品的90%，带动近300名五六十岁人员就业创收。56岁的村民高玉兰非常风趣地说："一道工序一份钱，老头老太都赚钱，喜糖盒变成了俺们的'聚宝盒'！"

与此同时，宿迁为所有村居选配了1名既懂党务又懂电子商务的专职副书记，并明确发展党员、党员教育管理、组织建设和发展电商四项职责。一手抓党务，一手抓电商，全市目前有1465名专职副书记活跃在乡间地头。"刚开始做电商推广员时，大家喊我王书记，后来喊我王曼，现在大家都亲切地喊我小曼，我觉得，我离群众的距离更近了，对农村的感情更深了。"侍岭镇大墩居委会专职副书记王曼主动担当电商义务推广员，大半年下来，借助推广代购跑遍了村里的每家每户，记了厚厚三大本代购需求，累计代购各类商品3000多件，金额超过20万元；同时助推村民网上创业，手把手帮助发展网店48家。

2017年12月21日，宿豫区侍岭镇盛湖村残疾人张报心情大好，他自制的尖椒炒鱼干等特色菜肴又迎来了网络销售高峰，一天卖出70多单。自2015年"触网"以来，张报的网店年销售额节节增高，现已达50万元，张报也从贫困户变身为致富达人。在宿迁，像张报这样开办网店的原低收入农户有5600多家，从电商发展中受益的低收入人口达26万，约占全市低收入人口总数的四分之一。宿迁发挥产业带动作用，大力实施"一村一品一店"，着力打造具有宿迁特色、适合网上销售的"一村一品"，推出了大闸蟹、小龙虾等10余款爆款产品，有效提升了农产品的附加值，提高了销售收益。截至2017年底，全市"一村一品一店"省定经济薄弱村覆盖率达46%，直接或间接带动脱贫6.5万人。

三、经验与启示

作为经济发达省份的脱贫攻坚重点片区，江苏省宿迁市以"支部＋电商"为抓手，探索出一条党建扶贫协同电商扶贫的脱贫攻坚和乡村发展道路，实现了党建强、产业实、群众富的目标。

（一）基层党建要紧跟经济社会发展形势并适时调整工作策略

当前，经济调整、社会转型、民众观念变化，尤其是互联网技术和电商经济的迅猛发展，对党建工作提出了诸多新挑战，对传统的党建工作体制机制构成了较大的冲击。为此，党建要顺应新时代的新环境、新问题和新需求，及时跟进党建未覆盖领域和群体，创新党建组织体系和运行机制，运用新型工作手段和工具，改进党建工作方式和模式，增强党组织的影响力和渗透力。对于本案例所关注的新经济组织和新社会阶层而言，基层党组织应当兼顾政治属性与服务功能，将自身的组织化和服务性优势引入党建工作实践中，找准党建与农村经济、乡村发展之间的结合点和突破口。

（二）脱贫攻坚和乡村发展要找到不同模式之间的契合点

脱贫攻坚和乡村发展是一项系统工程，不能偏废某一个领域和层面，需要着眼于多个维度、采取多种手段协同推进。在贫困治理和社会治理创新中，也应观照关键性体制机制的衔接与互动，注重不同创新模式之间的有机契合。电商是近几年来农村发展的新引擎和新动能，给农村提供了新的活力，给农民带来了新的希望，电商介入扶贫领域开拓了电商扶贫的新型运行模式和机制，将贫困地区的资源环境优势转化为脱贫致富动力和赶超式发展潜力。党建尤其是基层党建一直是我们党的政治和制度优势，党建对农村发展和脱贫攻坚的引领作用也是我国的发展经验之一。党建扶贫是精准扶贫快速、高效推进的一把利器。在当前脱贫攻坚和乡村振兴过程中，应当结合各地的地域特点和基础，寻找不同领域、层面的创新型发展模式和经验之间的契合点，构建更高效、可持续的综合性方案。

（三）抓住发展机遇，提升自我发展能力

在推进精准扶贫工作进程中，要想顺利实现贫困人口主动脱贫且形成长期有效的脱贫结果，需要有稳定脱贫的产业和能力。一方面要有门路、有渠道给贫困人口提供稳定脱贫的机会，另一方面还需要给贫困人口的发展能力进行针对性培训，提高自我发展、主动脱贫的能力。宿迁通过"一村一品一店"创造了大量电商发展机会，同时指导群众从事网上购销活动。既方便了群众，促进干群关系的密切、和谐，也提高了普通群众创收、增收、致富的经营能力，最终依靠自己勤劳的双手顺利实现脱贫。不同的地方资源禀赋差异巨大，发展机遇各不相同，贫困人口的致贫原因和脱贫路径也有各自的特点，但不论是什么地方、什么样的贫困人口，要想摆脱贫困，都需要依靠自己的努力奋斗实现脱贫致富。为了长期稳定脱贫，在扶贫工作中需要为贫困人口提供更多的发展机会，并积极指导其提升相应的能力素质，以满足贫困人口自身发展的能力要求。

以多措并举应对贫困人口内生动力不足难题

——四川省南充市的实践与经验

一、问题与背景

当前我国脱贫攻坚工作已经进入深水区，对打赢打好脱贫攻坚战构成重大影响的一系列深层次难题与挑战也逐渐呈现出来。从各地精准扶贫精准脱贫的实践过程来看，有几个问题急需引起高度关注：其一，由于地理环境及生活习性等因素的影响，尚未脱贫摘帽的贫困县和剩余贫困人口的脱贫成本明显增高，同时贫困地区往往地处经济社会发展水平相对滞后区域，区位条件、市场环境、人力资源、社会投入等方面也处于劣势，返贫现象相对突出；其二，部分贫困地区存在注重短期脱贫目标实现，而忽略长期稳定增收，贫困地区稳定脱贫长效机制以及贫困人口的可持续生计尚未成为地方政府脱贫攻坚工作的主要关注点；其三，精准扶贫工作开展以来，政府对贫困村的投入、社会对贫困户的帮扶力度达到前所未有的水平，但是贫困户内生动力不足、贫困村自我发展能力欠缺等问题仍然突出，这对脱贫攻坚的实际成效和乡村治理的良性秩序都构成巨大的挑战。

四川省南充市9个县（市、区）中，国家级贫困县有4个。2014年，全市有1290个贫困村，建档立卡贫困人口19.1万户57.7万人，贫困人口居四川省第三位。截至 2018 年 12 月，全市共退出贫困村 1217 个、脱贫 56.9 万人，贫困发生率由 2014 年的 10% 下降至 0.2%，5 个贫困县成功摘帽。在 2016 年、2017 年四川省脱贫攻坚综合考核中，南充市连续两年被评为"好"等次，南部县还荣获"2018 年全国脱贫攻坚组织创新奖"。作为脱贫攻坚进展较快、效果较好的贫困地区，南充市在推进物质扶贫的同时是如何培育并激发贫困人口的内生动力，实现扶贫扶志有效结合的，需要基于实证案例分析与理论总结做出解答。

二、主要举措与效果

（一）强化干群思想引领，激发内生动力之源

1.实施五大主题教育，激发群众脱贫奔康内生动力。在脱贫攻坚过程中，南充市坚持"群众是脱贫奔康道路上的主体"的思路，在全市 1290 个贫困村全覆盖建立"农民夜校"，通过驻村"第一书记"及驻村帮扶干部开展多样化的教学及培训，持续深入开展感恩教育、法纪教育、习惯教育、风气教育和脱贫光荣的自尊教育"五大主题教育"活动，大力培育新风正气、传承孝悌美德、激发感恩奋进，帮助贫困群众摒弃"等靠要"思想，树立不等不靠、自力更生谋发展理念，让"勤劳致富光荣、懒惰致贫可耻"观念深入人心，凝聚正能量，弘扬新风尚，实现"物质精神双脱贫"。实践证明，如果贫困群众主体性被有效激发出来，其自主和自觉脱贫致富的能动性与创造性得以充分发挥，就会形成人人参与脱贫攻坚的"主旋律"，从而取得事半功倍的扶贫实效。[1]南部等县积极推行"五大主题教育"活动，形成大堰乡封坎庙村、

---

[1] 张志胜：《精准扶贫领域贫困农民主体性的缺失与重塑——基于精神扶贫视角》，《西北农林科技大学学报（社会科学版）》2018 年第 18 卷第 3 期。

纯阳山村等贫困村群众房门上的"感恩照"、宏观乡土地村等村委会的"感恩墙"等一些典型做法，通过对群众进行系列教育活动，重构了贫困村原有陈旧的乡土秩序及制约贫困人口脱贫奔康的价值观念，有效地助推精准扶贫工作的开展，最大限度地启迪民智、开发民力，形成发展合力。

2. 加强干部思想教育，激发干部脱贫攻坚内生动力。脱贫奔康主体是贫困人口，关键是干部。南充市在脱贫奔康的实践中，不仅仅注重抓群众主体性教育，也关注干部思想教育。精准扶贫初期，部分干部带领群众脱贫的动力不足，主要表现在四个方面：第一，对精准扶贫工作认识不足，注重短期增收效应，忽视群众长期稳定增收诉求；第二，家长式扶贫，扶贫干部没有尊重群众的主体地位；第三，扶贫工作形式化，部分扶贫干部在工作中注重扶贫形式而忽视实质性工作；第四，缺乏精准施策能力，个别扶贫干部对精准扶贫措施认识把握不足，缺乏对帮扶对象提出针对性的精准帮扶意见。南充市针对这些现象对干部队伍进行思想教育引领，引导干部时刻保持"本领恐慌"的危机意识和大胆创新的工作能力。

3. 抓好宣传引领工作，增强干群团结一致共谋发展。脱贫奔康是贫困地区干部群众的共同愿望，也是全面建成小康社会的主要基础，贫困户没有脱贫的小康是不完整的小康。因此，抓好精准扶贫过程中的宣传引领工作，全面激发干部群众的内生动力是精准扶贫工作提质增效的有效路径。南充市在做好宣传引领工作中，将干部群众积极性和主动性充分调动起来，以内生动力为思想杠杆，引导贫困户从"要我脱贫"向"我要脱贫"转变，以习近平总书记关于扶贫工作重要论述为指导，做好"三个统筹"：统筹特惠与普惠、贫困户与非贫困户、贫困村与非贫困村"三个关系",消除贫困地区因扶贫工作产生新的不平衡现象,促进干群团结一致共同在脱贫奔康的大道上砥砺前行。

(二)优化脱贫产业政策,筑牢内生动力之基

脱贫奔康最重要的是实现贫困户持续稳定的增收预期及当期增收效益。南充市在实践过程中,注重发展规模产业及作坊式小产业相结合,全面保障贫困户实现增收。

1. 精准落实"四小工程",实现贫困人口当期增收。贫困人口要实现脱贫致富,首先要实现当期增收,增强贫困人口脱贫信心,激发群众自主脱贫信念。南充市南部县结合当期农村经济发展水平,破解群众短期增收难题,分户发展小庭院、小养殖、小作坊、小买卖"四小工程"28667户,实现贫困户当期增收效益。通过精准落实"四小工程",帮助贫困户根据自身的条件及家庭环境,选择其中一种作为短期增收的有效途径,较快地实现了贫困户当期增收目标,助推贫困户增强脱贫致富信心,为推动贫困户扩大生产规模打下了良好基础,增强了贫困户脱贫能力和脱贫动力。

2. 打造优势产业园区,保障贫困人口稳定增收。脱贫奔康工作既要重视贫困人口的当期增收,也要注重贫困户的长效稳定增收。南充市以市场为导向,立足资源禀赋和比较优势,充分发挥农业、工业、旅游、商务等产业扶贫的基础性作用,发挥种养大户、家庭农场、农民合作社和龙头企业等市场主体的带动作用,坚持党政引导、龙头带动、群众主体、金融支持、合作社组织"五方联动",市场化运作建设"脱贫奔康产业园",加快培育增收产业体系,增强贫困群众发展能力,保障贫困人口的稳定增收。

3. 建立产业风险基金,增强贫困人口脱贫信心。贫困人口应对市

场化的经济风险抵抗力较弱，无力承担市场风险，要让贫困群众敢干事、干成事，必须解除贫困人口的后顾之忧。南充市引入市场化风险化解机制，探索建立了"扶贫保险＋风险基金"的防控机制，在全市200个贫困村开展试点，每个村设立了10万—30万元的产业发展风险基金，引入保险机构对贫困户发展的到户特色产业承保。一旦发生种养风险、市场风险，按照"补足成本、不补利润"的原则，先由保险公司理赔，再由风险基金按一定比例补助，确保贫困群众发展产业"不折本、少亏钱、零风险"。如南部县楠木镇驷马村贫困群众有养殖生猪的传统，但近两年来生猪价格波动大，很多贫困群众"想养不敢养"。为了鼓励贫困群众大胆养殖，该村设立了30万元的生猪养殖风险基金，并引入人保财险投保。如果生猪价格低于14元/公斤，由保险公司按市场差价补足，最高可补1500元；如果生猪意外死亡，保险公司按700元/头赔付后，风险基金再按保险赔付金额的50%补助，基本补足贫困群众的养殖成本。通过建立产业风险基金，极大地增强了贫困人口脱贫信心。

（三）补齐教育技能短板，夯实内生动力之本

治贫先治愚，扶贫先扶智。教育扶贫是破解贫困问题的治本之策，是最有效的精准扶贫方式之一，贫困地区教育短板在很大程度上造成贫困地区人才资源匮乏，进而导致贫困代际传递。补齐教育短板是夯实贫困人口内生动力的根本。

1. 加强技能培训，提升贫困人口脱贫能力。掌握一门生存技能是贫困户实现稳定脱贫的重要途径。南充市通过加强对贫困户的技能培训，提升贫困人口就业竞争能力和市场议价能力，对培训合格者颁发技术等级证书并推荐就业。如南部县通过多渠道提升贫困户技能水平，

一是实施"三个一培养"工程,即帮助有条件的贫困户,每户培养1名大中专学生、1名技术明白人、1名劳务致富能人。二是实施因人分类技能培训,推动转移就业,确保创业脱贫有门路。对务工无技术的,围绕提高劳动力价值,定期开设挖掘机、数控等技能培训专班;对务工无门路的,依托18家南部县驻外商会开展网上招聘、"回乡招募",帮助9400户贫困户找到了短期脱贫的出路;对无法外出务工的,按每月400元标准,开发孤寡老人看护、乡村道路维护等公益性岗位,公开评定就业。三是实施创业扶持,向贫困劳动力发放2年财政贴息贷款,最高可至10万元;对5年内未就业的贫困家庭大学生创业,给予1万元创业补贴。2016年以来,该县成建制转移贫困劳动力就业33782人,脱贫户工资性收入占到了家庭总收入的63%,分类指导贫困户进行技能培训,显著地提升了贫困人口的脱贫增收能力。

2.完善学校教育,阻断贫困人口代际传递。全面提升贫困地区的教育发展水平,完善贫困地区的学校教育,是实现长远发展的关键举措。南充市通过加大学前教育、九年义务教育、高中阶段教育工作力度,促进教育均衡发展,进一步提高有劳动能力贫困群众的基本素质,让贫困家庭的孩子都能接受教育,从根本上阻断贫困代际传递。南充市主要从以下几方面完善教育基础:

一是实施义务教育"三免一补"政策。对符合条件的义务教育阶段在校学生,免除学杂费,免费提供教科书、作业本,并对贫困家庭寄宿生提供生活补助。

二是大力发展职业技工教育。切实改善中职技工学校办学条件,加大中职技工基础能力建设资金倾斜力度,帮助贫困地区发展中职教育。

三是完善从学前教育到高等教育的家庭经济困难学生资助政策体

系，加大建档立卡贫困家庭学生资助力度，保障不让一个学生因家庭经济困难而失学。深入实施"9+3"免费职业教育。对未实行"9+3"免费教育政策的贫困县，在一、二年级中职在校学生全面享受中等职业助学金政策的基础上，参照藏区州内"9+3"免费教育资助政策，对三年级在校学生按每生每年1000元的标准给予生活补助，所需资金由财政全额承担。

四是实施农村义务教育营养改善计划。按照每人每天4元以上的标准为学生提供营养膳食补助，提高农村学生尤其是贫困地区和家庭经济困难学生健康水平。南部县通过建立贫困学生信息库、政策告知卡和资金发放册"一库一卡一册"教育助学平台，共发放助学金5229万元，全县无一人因贫辍学。

（四）健全督查问责机制，保障脱贫工作成效

建立健全脱贫工作机制，加强干部队伍能力建设，是保障脱贫工作成效的重要方式，全面激发干部群众内生动力，机制创新是灵魂。

1. 建立蹲点督导推进机制，实现工作痛点就地解决。解决贫困地区脱贫奔康痛点、难点，关键还在基层干部。建立干部蹲点督导机制，将脱贫奔康过程中发现的痛点和难点问题通过现场办公、协调各级部门解决的方式，实现扶贫工作痛点、难点就地解决，有力地提升了脱贫奔康的效果。南部县充分调动各级干部资源，深入基层，蹲点到脱贫攻坚一线发现问题、研究问题、解决问题，使工作落实到基层，问题解决在基层，成效检验在基层。

2. 建立现场验靶考核机制，强化工作清单稳步实现。按照脱贫摘帽要求，实行任务清单化管理。通过建立现场考核机制，细化考核目标清单，按季度实行现场验靶，检验脱贫成效。对于好的帮扶单位、

乡镇、村授予"流动红旗",差的给予"黄牌警告",连续3次被黄牌警告的,主要负责人引咎辞职。现场验靶的考评机制,把"流动红旗"和"黄牌警告"的作用发挥到了极致,攻坚成效整体提升,为实现脱贫工作清单提供了强有力的保障。

3. 建立差评召回约束机制,提升干部履职尽责能力。建立动态痕迹管理办法和差评召回约束机制,对"第一书记"实行远程签到、随机抽查、轨迹管理,凡连续两次被"黄牌警告"的,一律召回。第一次被召回,由单位副职替补;第二次被召回,由单位一把手顶岗,宁愿让一个部门瘸腿,也绝不让一个贫困村掉队。通过向扶贫干部施加压力,来推动扶贫干部提升自身履职尽责的能力,增强精准扶贫的工作能力,以助推脱贫奔康目标的实现。

4. 建立暗访巡查问责机制,推动扶贫工作及时纠偏。推行"9+5"暗访督查机制,坚持常态化督查和专项督查(以脱贫奔康产业园建设为重点)相结合,进村入户全程录像录音进行暗访督查。以暗访组形式巡查各村实际脱贫工作,每组查1村、每村查1天、每村随机抽查10户以上,重点督查进度是否完成、标准是否达到、履职是否到位,并以《每日快报》和《督查周报》及时在全市范围内通报暗访真实情况,对发现的问题及时反馈、限期整改、定期回访,全面跟踪督促整改落实。目前,南充市已累计编发366期报告,这一做法得到了汪洋同志的肯定批示。将脱贫攻坚与绩效考核、评先评优、干部选用挂钩,对未完成任务的地方和部门,实行"目标考核一律一票否决、有关领导一律就地免职、追责问责一律从重从严",坚决"问事必问人、问人必问责、问责必到底"。

5. 建立悬帽攻坚激励机制,培育乡村干部内生动力。发挥正向激励导向作用。成立一线考察办公室，提拔重用脱贫一线优秀干部；在攻坚一线培养预备党员、贫困村"两委"干部力量，为贫困村建立了一支永不撤离的工作队。悬帽攻坚的激励机制，注重激励和约束相结合，重在正向激励，让"有功之臣"有想头、有奔头，坚持把扶贫攻坚的战场作为识人选人用人的赛场，预留部分县级机关和乡镇科级领导岗位悬帽，重用思路开阔、作风务实、实绩突出、群众认可的扶贫干部。

（五）创新扶贫工作方法，巩固脱贫摘帽成果

脱贫奔小康是一项系统性工程，也关乎乡村振兴规划和全面建成小康社会的宏伟目标的实现，因此需要进一步创新扶贫工作方法，立足贫困村脱贫实际，进一步巩固脱贫摘帽成果，以防止返贫现象的发生。

1. 实施"干群一家亲"工程，凝聚脱贫目标共识。精准扶贫工作主要对象是贫困户，主要抓手是扶贫干部，推动干群一心，凝聚脱贫奔康共识。南充市紧扣"户脱贫、村退出、县摘帽"这一中心任务，以"察民情、解民难、保民生"为主题，深入实施代办服务、送医进村、就业促进等十大惠民行动；深入开展农忙时节助耕助收活动，帮助困难群众抢种抢收等；开通"24365"市民生活全天候服务中心，为广大市民提供政策咨询等服务。通过深入实施"干群一家亲"工程，南充市干部群众关系更加和谐，从而有利于更好地调动各方资源，形成脱贫奔小康的合力。

2. 推行"三议"群众工作法，调动群众广泛参与。贫困户是精准扶贫的主体，充分尊重贫困户的意志，激发贫困户的内生动力，发挥群众的集体智慧，不仅有利于推动脱贫摘帽目标实现，也为后续巩固脱贫成果奠定基础。南充市在具体实践中推行了"三议"群众工作法，

即在精准扶贫过程中，对贫困户的确定、到村到户的规划、扶贫项目的实施等，一律实行"村'两委'提议、村民代表审议、全体村民决议"的民主决策机制，做到自上而下宣传、自下而上决策，领导不拍板、群众说了算，一旦通过"三议"程序的村级事务，就是全体村民的集体意志，相当于村级"小宪法"。通过"三议"群众工作法，有效地调动了广大群众参与到脱贫奔康的事业中，在易地搬迁、引入产业园等事关村民重大利益事件中起到重要的作用，是基层自治实践的有效创新，如南部县通过该方式使易地搬迁工作顺利完成，2393户搬迁户心服口服，没有任何异议。

3. 细化"四好村"创建标准，引导群众自主脱贫。"四好村"的创建是四川省为激发贫困群众脱贫奔康内生动力开展的重要工作，南充市围绕"住上好房子，过上好日子，养成好习惯，形成好风气"目标，细化16条标准，开展"四好"星级示范户评选、"四好村"创建活动，通过公开授牌、专项奖励等措施，调动群众脱贫积极性，南充市在具体实践中，通过在包括贫困户在内的全体农户中持续深入开展"四好"星级示范户创建活动，极大地调动了群众参与的积极性。

三、经验与启示

（一）兼顾农民短期致富与长期发展，注重系统性激发内生动力

一是扶志扶智双管齐下，坚定群众脱贫信心。在脱贫攻坚实践中，扶贫工作的短期目标是提高贫困人口的收入，从长期发展看，还需要将贫困人口自我发展、自主脱贫的能力扶起来，这便有赖于"智志双扶"模式。南充市一方面创新活动的引领教育功能，以农民喜闻乐见的形式

开展思想教育。另一方面，依托农民夜校，全面提升脱贫能力，从而为群众脱贫注入信心和活力。

二是着力打造产业园区，发挥农业产业致富拉力。针对农业产业周期长的实际问题，南充市将长期发展与短期致富相结合，以短养长。一方面立足长远增收发展脱贫奔康产业园，发挥产业规模化、集约化的效益。另一方面，着眼于短期的增收，充分挖掘贫困群众生产能力，分户规划落实小庭院、小养殖、小作坊、小买卖"四小工程"，作为长效产业多种经营模式的有益补充。

三是构建社会支撑体系，夯实农民稳定脱贫的支柱。为了解除贫困户的后顾之忧，南充市持续加大资金投入、筑牢基本保障。首先，设立健康扶贫"五道防线"，让贫困患者的住院费用个人支付比例控制在10%以内。其次，建立"五长负责制"，严格执行义务教育助学政策和贫困家庭大学生学费和生活费资助政策。最后，加强基础设施建设，按照"一路二水三网"的建设思路，完善村庄公共服务体系，增强了村庄自我发展能力。

（二）充分尊重农民的主体地位，引导群众自主参与脱贫攻坚

一是创新参与机制，搭建"三议五会"参政平台。在长期的"输血"式扶贫的影响下，农民逐渐衍生出一种"等靠要"的思想。鉴于此，南充市积极实施"三议"群众工作法，强化农民主体性地位。一方面通过"三议"的民主决策机制，对涉及农民切身利益的重大事务由农民群众自己做主。另一方面，以"五会"为沟通平台，对扶贫政策推行过程中各项疑惑或矛盾进行化解沟通，从而发挥群众的能动性，实现"要我脱贫"到"我要脱贫"的思想转变。

二是加强农民教育，增强农民参与能力。首先，南部县从农民的

思想教育出发，以"四好村"和"五大主题教育"活动为契机，通过帮扶干部进村入户有针对性地开展思想教育和身边人现身说法，增强农民自主脱贫的信心。其次，在提升政策认知层面，以农民夜校为平台，定期宣讲扶贫政策。最后，提高农民个人能力素质教育，将技能教育与文化教育相结合，阻断贫困的代际传递，从而逐渐实现农民因教脱贫的能力。

三是发挥党员干部引领作用，激发群众参与热情。南部县一方面充分发挥党建扶贫机制，运用"五带五强"工作法，加强班子队伍建设，发挥干部先锋模范作用，进而引导群众积极参与脱贫工作。另一方面，积极创造和谐的干群关系，形成干群齐心协力的局面。通过开展"干群一家亲"活动，常态化地开展一系列便民助民活动，增强群众对干部的信任，促使群众与干部一同参与脱贫实践。

（三）创新产业扶贫机制，增强脱贫的长久动力

一是按照市场化模式，合理引导产业建设。首先，尊重市场规律，政府当好引路人。其次，市场配置劳动力，因户施策促进贫困人口就业，保障各类劳动群体在家门口实现充分就业。最后，立足本地实际，适度扩大特色产业规模，增强产品议价能力。通过产业和市场的有效结合为脱贫注入持久动力。

二是创新利益联结，发挥农民组织化增收效益。南充市产业发展首创了"五方联盟"的利益联结机制，以专业合作社为纽带，把贫困户与龙头企业紧密捆绑在利益链上。首先，以"以强带弱"并建立起贫困户主体责任为目标，利用"四跟四走"模式，将贫困户加入产业利益链条中，最大限度减少贫困户规划产业的风险。其次，发挥组织化的效益，推行"抱团发展"模式，实现资本抱团、生产抱团、销售

抱团，发挥组织化的规模效益。最后，利用产业规模效益，保障农村劳动力充分就业。

三是建立风险保障机制，确保贫困户稳定增收。南充市在发展产业中建立风险化解机制。其一，建立产业发展风险基金，主要由市、县扶贫资金按一定比例出资，建立风险基金，增强产业抗风险能力。其二，通过"产品＋期货"的模式，将农产品以期货的形式进行销售。最后引进商业保险公司，降低经营风险。贫困户与优势市场主体和保险机构联结起来，尽可能地将本地主要扶贫产业纳入政策性保险范围。

（四）科学进行政策创新，发挥政策执行的正效益

一是通过精准识别确保分类施策，从源头上遏制政策"养懒汉"。南充市在国家对贫困户界定的标准下，创造性地将贫困户进行深入分类，避免扶贫资源在所有贫困人口中均匀分配而出现"养懒汉"的情况。在识别基础上进行分类施策，注重破解"怎么扶"的难题，从而实现针对不同致贫原因、不同贫困类型，把贫困户划分为成长发展型、巩固推进型和保障救助型三种类型，分类施策，量身定制脱贫规划。

二是设定政策激励机制，引导农民通过竞争性的方式获取扶贫资源。为进一步激发群众内生动力，推进"造血"式扶贫，南充市积极发挥政策导向作用。首先，积极探索"三项奖补"机制，即通过就业增收奖补、种养增收奖补、孝老敬亲奖补的方式，激励贫困户自力更生，弘扬传统美德。其次，建立产业发展"竞争立项"机制。最后，科学设定资金奖补标准。从而避免"一刀切"和"平均主义"的行事方式，通过良性竞争的方式激发群众的内生动力。

三是整合资金完善公共服务，让政策福利更多地惠及普通群众。

针对扶贫资金整合力度小的情况,南充市充分整合政策资源,统筹资金保障。一方面,统筹房屋建设扶贫资金,兼顾整个村庄发展,将剩余资金用于改善"临界贫困户"住房;另一方面,南部县为彻底改善农民因饮水致病的实情,整合15亿元资金解决全县安全饮水问题,建成城乡一体化的供水系统。

深度贫困地区如何开展扶贫扶志行动

——来自四川省凉山州的实践与探索

一、深度贫困地区为何更需开展扶贫扶志行动

随着中国的扶贫进程进入精准扶贫的历史阶段，中国的脱贫攻坚进入啃"硬骨头"、攻坚拔寨的冲刺期，深度贫困地区的脱贫攻坚作为"硬仗中的硬仗"，成为决定全面建成小康社会成败的关键。如何打好深度贫困地区的脱贫硬仗，成为亟待思考和解决的难题。

2017年6月23日，习近平总书记在深度贫困地区脱贫攻坚座谈会上发表重要讲话，提出要"加大力度推进深度贫困地区脱贫攻坚"，"新增脱贫攻坚资金主要用于深度贫困地区，新增脱贫攻坚项目主要布局于深度贫困地区，新增脱贫攻坚举措主要集中于深度贫困地区"。但是在国家加大对深度贫困地区投入力度的基础上，仍然更加需要培育贫困人口的内生动力。这是由深度贫困地区的特性决定的。

第一，从深度贫困地区贫困现状和脱贫目标的实现层面看，存在艰巨性，单纯依靠国家外部力量，不足以在有限时间内摆脱深度贫困。在以往的三个扶贫阶段，每个阶段的目标任务，都没有在深度贫困地区完成，深度贫困地区内部不同程度地存在着区域性贫困、县域贫困、村庄整体贫困、农户贫困的层级累叠，这使得深度贫困地区在各个层级的基

础设施建设和公共服务上全面滞后，仅仅依靠外力无法短时间完成脱贫攻坚的全面突破，亟须内生力量与外部力量更为紧密的协同配合。

第二，从深度贫困地区的致贫原因上看，内部主观因素的不足也是深度贫困地区致贫的关键。"只有激发出群众的内生动力，才能组织起脱贫攻坚的人民战争"。[①] 在内生动力上，也不同程度地存在区域、县域、村庄整体和贫困户脱贫内生动力不足的层级累叠，亟须"催生精准扶贫的思想动力和行为活力"。[②]

第三，从深度贫困地区的社会特征看，深度贫困地区往往与少数民族地区重叠，少数民族地区在社会文化类型、社会生活形态以及思想价值观念上，具有自身的整体性和独立性，与现代文明存在较大差异。三区三州均为少数民族自治区和自治州所辖区域，许多民族在民主改革中为"直过民族"，在社会制度和社会文化生活上仍十分传统，很多风俗习惯和观念行为与现代文明尤其是工商业文明格格不入，极大束缚了深度贫困地区和贫困人口脱贫的内生动力。

第四，从深度贫困地区的人口素质看，往往存在现代科学文化素质和现代谋生技能上的缺乏。一方面，深度贫困地区在公共服务和基础设施方面长期匮乏，另一方面，少数民族在社会、文化上的封闭性，以及自然地理上与外界的阻隔，使得深度贫困地区难以深入学习和接触现代文明的成果，影响了贫困人口的脱贫能力，进而抑制了贫困人口的脱贫内生动力。

第五，从深度贫困地区的干部队伍看，在脱贫攻坚中存在干劲不

---

① 周建琨：《办好新时代的农民讲习所》，《党建》2017年第12期。
② 张蓓：《以扶志、扶智推进精准扶贫的内生动力与实践路径》，《改革》2017年第12期。

足、信心不足、创新能力不强的问题。深度贫困地区的脱贫攻坚需要扶贫干部自身具有强烈的责任担当、突破陈规束缚的魄力以及创新体制机制的想象力。所以深度贫困地区更需培养扶贫干部的内生动力。

二、四川省凉山州脱贫攻坚面临的困境与挑战

（一）自然环境复杂，开发建设难度大

凉山地处横断山脉，以山地为主，高山、深谷、平原、盆地、丘陵交错分布，地质构造形态多样且不稳定，断裂带纵横交错。这样的地理条件加大了开发难度，引发了一系列开发建设难题。一方面，各项基础设施建设都需要付出远高于平原地区的代价；另一方面，环境承载力弱，难以支撑大规模的工业发展。截至2018年6月，凉山州仍有11个深度贫困县，1118个贫困村，49.1万贫困人口，贫困发生率高达11%。

（二）区域发展迟滞，基础设施条件差

深贫地区长期以来基础设施建设严重滞后，历史欠账多、发展投入少、发展内生动力弱是凉山很长一段时期里所面临的严峻现实。此外，对于基层政府来说，长期以来重视维护社会稳定，经济发展方面投入相对有限，使得本就落后的社会经济水平，在发展速度上也无法和其他地区相比。加之基础设施条件非常薄弱，甚至有的偏远地区基础设施建设完全缺失。直到2018年，凉山州11个深度贫困县有8县尚未通铁路，11县均无高速公路通过。

（三）社会文化闭塞，现代文明程度低

凉山彝区常常被形容为一步跨千年，人们一方面处于一个贫穷社会，另一方面宽广的土地为人们提供了充足的食物，在这样的社

会里就形成了浓厚的轻商文化。这些使得彝族社会自古以来商业发展的基础近乎空白。尽管实行改革开放已经40多年，但是在这些深度贫困的彝区，市场经济的理念并未深入人心，现代的商业文明更是难以孕育。

（四）公共服务短缺，人口素质提升慢

基础教育发展不足，11个贫困县办学条件达标率不足5%，贫困群众受教育年限普遍偏低，成年文盲为数不少，知识匮乏、技能缺乏、语言障碍都构成了限制贫困群众发展的不利因素。基本医疗保障不足，根据2017年的统计，凉山每千人口卫计人员、执业（助理）医师、注册护士和床位数分别为4.66人、1.44人、1.79人和4.58张，远低于全国和四川省平均水平，全州仅有三级医院4家，二级医院33家。文体活动和设施都处于严重的匮乏状态，人们对优质文化体育活动和设施需求强烈。

（五）特殊问题难解，治毒治艾任务重

改革开放以来，随着外出人群的增多，毒品进入凉山，造成了巨大的社会危害，禁毒防艾成为凉山必须下大力气解决的问题。仅2018年上半年，全州就有551起毒品刑事案件被破获，吸毒人员3322人被查处，354千克毒品被缴获。截至2018年6月，已统计艾滋病存活感染者和病人41183例，死亡12140例。因毒品和艾滋病致贫人员成为脱贫攻坚工作的难点。

三、四川省凉山州扶贫扶志行动的主要举措

（一）补齐建设短板，发挥基础设施的托力

基础设施的短板不仅制约区域的整体发展，而且阻滞深度贫困地

区的脱贫进度，更影响贫困人口脱贫的信心和动力。凉山州紧紧抓住脱贫攻坚这一"重大的发展机遇"，一方面持续加大路、水、电、网等专项的投入力度和建设力度，另一方面通过抢抓幸福美丽新村建设，将新村新寨建设与脱贫攻坚相结合，综合解决贫困村的基础设施建设难题。

1.加快路水电网的建设。在凉山州各项基础设施建设中，交通建设尤其重要和紧迫。2018年，凉山州全力推进"交通大会战"。一方面落实深度贫困地区国家高速公路、普通国道建设支持政策，加快建设乐山至西昌等高速公路，确保西昌至昭通、西昌至香格里拉、德昌至会理高速公路开通建设，加快国省干线项目建设，力争三年实现每个贫困县均有三个以上普通国省干线出口通道；另一方面快速推进乡村公路建设，500个拟退出的贫困村中，有455个完成了通村硬化路达标。通过对交通建设持续发力，形成贯通州、县、乡、村的交通网络，为深度贫困地区疏通脱贫奔康的"动脉"。实施新一轮农网改造升级工程。2018年上半年，完成电力投资1亿元以上，超过70%的拟退出贫困人口完成生活用电达标。加强通信网络建设。2018年上半年完成投资4289万元，84.6%的拟退出村通信网络达标。解决群众安全饮水问题。2018年上半年，凉山州在11个贫困县完成投资6870万元，69.5%的拟退出贫困人口安全饮用水达标。

2.推进新村新寨建设。通过新村新寨建设和易地扶贫搬迁，能够有效解决凉山彝区的综合性贫困和整体性贫困，能够充分调动贫困人口的积极性，改变与现代生活不相协调的陈规陋习。早在2011年，凉山州就提出"以彝家新寨建设为平台，全力推进大凉山综合扶贫开发，着力改善贫困人口生产生活条件，增强自我发展能力，促进全域凉山跨越式发展"。①凉山州扶贫移民局副局长董红兵在座谈时谈到，2018年以来，凉山州整合各类资金26.08亿元，扎实推进新村新寨建设，将住房建设和修护、基础设施配套、扶贫产业发展、"四好村"创建进行综合统筹，聚焦贫困村、贫困户，突出地域风格和民族特色。

（二）狠抓移风易俗，发挥现代文明的引导力

1956年实行民主改革后，彝族社会从奴隶社会直接过渡到社会主义社会。费孝通曾提出"藏彝走廊"概念，指出了该区域在中华民族多元一体格局中的独特性。②但是，在拥有多样性文化资源的同时，许多与现代文明不相协调的风俗习惯很大程度上造成了凉山深度贫困的现状。凉山州在脱贫攻坚中狠抓移风易俗，用现代文明生活引导贫困人口转变旧观念和旧习俗，树立脱贫奔小康的勇气。

1. 现代文明新风的倡导。凉山州通过引导群众参与"三建四改五洗"，大力倡导现代文明新风。深入治理婚丧嫁娶中高额礼金和铺张浪费问题，杜绝因婚丧嫁娶大操大办致贫。如昭觉县推进红白事宜、生活用能、厕所文化、餐饮习俗和个人卫生等"五项革命"，深入推进"除陋习、尚新风"活动，引导群众喜事新办、丧事简办，着力解决高价彩礼、薄养厚葬、盲目攀比、铺张浪费等突出问题。

2. 村规民约的规范约制。凉山州要求各村根据自身的问题和需要制定村规民约，用规范引导和约束村民行为。如库依乡各莫井村根据"远看青山绿水，近看村庄秀美，进村整洁卫生，进屋井然有序，彝区文明和谐"的彝区健康文明新生活目标，经全体村民讨论表决制定了

---

① 凉山州人民政府：《关于推进大凉山综合扶贫开发彝家新寨建设的实施意见》（凉府发〔2011〕6号）。

② 费孝通：《关于我国民族识别问题》，《中国社会科学》1980年第1期。

村规民约。而洒拉地坡乡姐把哪打村则将细化了的奖惩机制纳入村规民约，增强了村规民约的约束力。

3. 理事会、议事会、评议会的组织落实。"党的领导与村民自治是脱贫攻坚最重要的两大方面"。[1]建立红白理事会、村民议事会、道德评议会等群众自治组织，通过自治，充分发挥村民的主动性，促进文明新风的形成和落实，为取得移风易俗的良好成效建立组织保障。如昭觉县解放乡火普村在村党支部领导下，建立红白理事会，深入事主家做细致的思想工作，并且制定详细的红白事办理操作原则，如"婚嫁使用车辆严格控制在七辆以内""红白喜事杀牛不超过4头"等。[2]

4. 评比、评议、"道德银行"的激励机制。凉山州每年组织开展一次"四好"文明家庭创建活动，对获得不同星级称号的"四好家庭"，给予相应生产生活用品奖励，金融机构在贷款评级授信环节实行定向加分，给予利息优惠。昭觉县库依乡各莫井村建立"道德银行"及"雄鹰基金超市"项目，将村民的移风易俗文明行为量化成积分，并通过积分兑换奖品和商品。通过这一机制来激发村民移风易俗的内生动力，激活参与"四好"建设的主动性。截至2018年7月，全州累计创建省级"四好村"157个、州级1430个、县级1611个，评选星级"四好"文明家庭48.8万户。

（三）完善教育医疗，发挥人力资源的潜力

教育医疗的投入不足，严重制约了凉山州人口整体素质的提升，这已成为凉山深度贫困地区摆脱贫困的重要瓶颈。凉山州采取多种措

---

[1] 王宏甲：《我所认识的新时代农民讲习所的意义——在贵州省新时代农民（市民）讲习所现场观摩研讨会上的发言》，《毕节日报》2018年7月9日。
[2] 引自《火普村红白理事会章程》。

施，保证不同年龄阶段、不同类型层次人群最大限度地获得教育和培训，精准优先帮扶贫困人口获得教育资助，同时补齐基本医疗短板，在戒毒防艾上下大力气，为释放贫困人口的脱贫潜力提供条件。

1. 展开"一村一幼"提升工程。早在2013年，昭觉县就出台了凉山州第一个关于彝区儿童学前教育的政府文件，到2015年，凉山州开始推行"一村一幼"计划，学前教育才在彝区农村全面展开。以村为单位建幼教点，普及以双语教育为主的学前教育，并减免在园幼儿学前3年保教费。截至2018年上半年，凉山州已利用村级活动场所、闲置村小等开办村级幼教点3096个，学前三年毛入园率达83.4%，96.2%的拟退出村学前教育设施建设达标。

2. 实施15年免费教育。"9+3"免费职业教育等。从2016年起，凉山州实施了15年免费教育，在免除3年幼儿教育保教费和义务教育阶段学费的基础上，将3年普通高中学费免除，并免费提供教科书。同时，凉山州深入实施彝区、藏区"9+3"免费教育计划，进入计划的学生初中毕业后到内地优质中职学校就读，将免除每生每年2000元学费，并补助一、二年级每生每年最高达3000元的生活费。2014年以来，凉山州已先后输送上万名"9+3"彝族学子到30所内地中职学校就读。

3. 推出新型农民素质提升工程。为提升贫困人口自身的素质，凉山州从2017年6月开始，集中3年时间开展全州建档立卡贫困户素质提升大培训，以期实现"培训1人、改变1家、脱贫1户"的目标。在3年培训期，州政府采取以奖代补的形式，每年从财政专项扶贫资金中安排2000万元，用于新型农民素质提升工程奖补。在扶志的基础上，通过扶智，切实提高贫困人口的增收能力。

4. 推动农民夜校建设。凉山州 2016 年制定《举办农民夜校助力脱贫攻坚工作方案》，着力解决农村群众特别是青壮年群体在政策法规、实用技术、科学文化、思想观念等方面的问题，在全州农村培养一批"明白人"，带动一批"老实人"，储备一批"带头人"，造就一批"能干人"。2017 年，凉山州已实现全州建制村农民夜校挂牌全覆盖，并推动了硬件标准化、软件规范化、师资专业化、效益可量化建设，保证每所夜校平均每月集中学习 2 至 3 次，每次不少于 2 小时。

5. 确保健康扶贫、戒毒防艾。凉山州落实贫困人口参加基本医保个人自付部分财政全额代缴政策，确保全州贫困人口全部参保。此外，针对凉山州毒品、艾滋病等特殊问题，深入实施禁毒攻坚行动，开展"2+3+X"戒毒康复试点，实现贫困家庭吸毒人员和符合强制隔离戒毒人员全员戒治，防止新出现因毒致贫返贫。

(四)创新体制机制，发挥地方改革的活力

在打赢脱贫攻坚战，培育和激发贫困人口内生动力的过程中，凉山州坚持因地制宜，充分发挥干部扶贫的内生动力，创造性地开展扶贫攻坚，在创新工作方法、体制机制上，充分展现了基层和地方改革的活力。

1. 创新工作方法，建立"火塘谈话"工作机制。为使贫困群众全面了解国家扶贫政策，从而最大限度减少推行各项政策的阻力，昭觉县建立了"火塘谈话"工作机制。"火塘谈话"工作机制是指"第一书记"、驻村工作人员以及各村村干部利用每天的早晚时间通过串门聊天的方式到群众家里和群众面对面谈心。通过"火塘谈话"，干部成了群众的"亲人"，群众的疑难困惑被一一解答，对政策有了更加充分的认识，群众的心结由此打开，从而积极参与到脱贫攻坚工作当中来。"火塘谈话"成为顺利推进脱贫攻坚工作、密切干群关系的有效机制。

2.转变扶贫方式,建立"以购代捐"帮扶机制。为推动"一村一品"农业产业发展,增强贫困人口自我发展能力,凉山州在全州范围内积极推行"以购代捐"社会扶贫模式。这一扶贫模式一方面转变了以往送钱送物的扶贫方式,树立了贫困人口自力更生的观念,另一方面,在帮扶者与贫困群众间建立起一种更为平等的新型帮扶协作关系,让购买者有回报,让受助者有尊严,有效地激发了贫困人口的内生动力。

3.深挖特色资源,建立"大凉山"特色农产品品牌。凉山州在重视产业发展的基础上,更加强调地域特色和品质,强调创建地域品牌,塑造地域农产品总体形象。特定的光、温、水、气构成的"黄金组合",铸就了"大凉山"特色农产品优质、错季,具有绿色、生态的独特品质,增加了大凉山农业产业的市场竞争力。如昭觉县特布洛乡吉子纳乌村利用高山自然环境好、纯天然无污染、光照充足、气温偏低、农作物生长周期长、养分积累多的优势,发展高山农牧业,获得了极大的市场优势。

四、四川省凉山州扶贫扶志行动的实际成效

(一)基础设施条件改善,区域整体发展更有底气

通过对基础设施的专项改造和综合建设,凉山州作为深度贫困地区的整体面貌得以快速改善。一方面,增强了区域内部活力。交通通信等基础设施的改善,使区域内部联系更为密切,互动更为频繁,过去分散的力量和资源,现在能够快速地集结和凝聚,加快了区域的内部整合,也提升了区域内部的发展效率。另一方面,密切了区域内部与外部的联系,加大了东西部扶贫协作的力度和深度。

（二）陈规陋习致贫减少，生活文明进步更有向往

凉山州在移风易俗上全面深入细致的工作，使贫困人口获得了现代文明生活的益处，摆脱了陈规陋习的束缚，因陈规陋习致贫的比例大大降低。社会风尚的转型，使凉山贫困人口摆脱了惰性，对现代文明生活更加向往，贫困人口将以往因陈规陋习过度消耗的资源用于脱贫奔康的事业，用新的生活习惯塑造自己，以新的发展观念提振自己的精神气质，形成了脱贫奔康的强大内生动力。

（三）素质技能全面提高，贫困人口脱贫更有自信

凉山州以现代教育为基础，保障了贫困户子女社会化的顺利进行和充分实现，以新型农民素质提升工程为突破口，实现了对成年贫困群众的继续社会化和再社会化，以治毒治艾为抓手，保证了贫困人口的健康恢复。这些举措提升了贫困人口的社会适应能力和整体素质，使贫困户子女对未来生活更有信心，使成年贫困群众对摆脱贫困以及长远发展更有信心，使贫困人口对如期脱贫更有信心。

（四）农业产业落地落实，创业增收致富更有保障

凉山州在提升深度贫困地区整体经济实力的同时，一是为有发展能力的贫困户提供农业产业发展支持，实现快速脱贫，并使其成为带头脱贫的模范户；二是将有劳动能力的贫困户引导进入工业企业，或者安置其进入乡村旅游接待服务公益性岗位，实现就业脱贫；三是组织没有劳动能力的贫困户进行集体经济入股，每年获得保底分红。这些举措为贫困人口多途径增收致富提供了有效保障。

（五）干部素质能力增强，打赢脱贫硬仗更有力量

凉山州一方面加派扶贫干部，充实了凉山深度贫困地区脱贫攻坚的干部队伍，另一方面加强扶贫干部轮训，使凉山扶贫干部扶贫的内

生动力大大增强，打赢脱贫攻坚战更有力量。2018年四川省继续选派3500余名优秀干部赴凉山开展为期3年的综合帮扶工作，很大程度上解决了干部力量薄弱的问题。通过组织县、乡、村三级干部和驻村工作队员到南充、广安等地学习好的经验做法，提升了干部队伍的能力。凉山州还鼓励扶贫干部因地制宜，积极探索符合地方扶贫实际的方式方法，为发现和解决贫困群众面临的发展难题提供了有效的机制。

五、思考与认识

深度贫困地区受到自然条件的复杂性、历史发展的滞后性、文化形态的多样性、少数民族生活习惯的稳定性等的影响，形成了具有自身特性的困难和挑战。要想在有限的时间内打赢脱贫攻坚战，深度贫困地区在持续加大国家投入的基础上，更要重视内生动力的激发，才能将深度贫困地区的特色内生资源、地方各级政府的改革创新能力、贫困人口脱贫致富的主体性和斗志同时激活，在打赢脱贫攻坚战的同时，实现深度贫困地区的持续和长远发展。

（一）正视历史与现实，处理好看得见的贫困与看不见的贫困间的关系

深度贫困地区脱贫攻坚难度大，看得见的贫困与看不见的贫困往往同时存在。因而，首先需要正视历史与现实，看到深度贫困地区自身的历史特性与现实差距，正确对待长期基础设施投入不足造成的"营养不良"，打好基础设施建设的"底子"，通过实实在在地解决好看得见的贫困，发挥好健全的基础设施对脱贫奔康的强大托力。其次要正确认识基础设施建设与内生动力激发之间的关系，及时看到长期生活贫困难以改变引发的"精神颓废"，真正激发出贫困人口的脱贫想法和干

劲。并且，要在脱贫攻坚的具体实践中将两者有机结合起来，从而使摆脱看得见的贫困与消除看不见的贫困相互促进，相互提升，"建立起物质与精神协调发展的美好生活，精准扶贫的工作目标方能达成"。①

（二）重视传统与现代，处理好传统文化习俗与现代文明风尚间的关系

深度贫困地区由于经济发展的落后与迟滞；地理条件的隔绝与闭塞，再加上少数民族地区在文化上、生活习俗上具有独立性和长期的稳定性，在脱贫攻坚、培育贫困人口内生动力的过程中，既需要促进社会经济的快速发展，也需要推动社会文化习俗和社会价值观的转变。深度贫困地区一方面要推动移风易俗，用现代文明生活促发脱贫内生动力。通过移风易俗，发挥现代文明风尚的引力，是改变深度贫困地区，尤其是少数民族地区贫困人口安于现状，提振其精神风貌，激发脱贫内生动力的有力方式。另一方面要牢牢守住优秀传统，用传统文化打造脱贫内生资源。一要充分运用少数民族社会制度和社会文化开展工作，二要充分挖掘少数民族文化魅力，打造旅游热点，既弘扬了少数民族文化，也带来了可观的经济收入。深度贫困地区只有同时关心优秀传统的现代运用与陈规陋习的现代转变，才能为脱贫攻坚破除阻力。

（三）重视普遍与特殊，处理好普遍经验借鉴与因地制宜创新间的关系

深度贫困地区，尤其是少数民族地区，在贫困问题以及贫困人口的内生动力问题上，应尤其重视普遍经验借鉴和因地制宜创新之间的

---

① 程肇基：《精神扶贫：一个亟待关注的精准扶贫新领域》，《江西社会科学》2016年第11期。

关系问题。首先，要在提升帮扶力度的基础上，积极探索地方帮扶机制，只有探索出符合地方实际的帮扶机制，才能在增加贫困人口收入的同时，激发贫困人口的内生动力。其次，要在加大教育投入的基础上，积极创新教育扶贫方式。要深刻认识到贫困地区在教育上的落后状况，在加大投入的基础上，积极创新符合本地实际的教育扶贫方式，有效解决贫困群众在教育上的实际困难，培育贫困人口内生动力，也为深度贫困地区后续的长远发展积累优质的人力资源。再次，要在强化产业发展的基础上，积极打造适宜产业布局。既要重视通过产业扶贫带动一批贫困户摆脱贫困，又要重视因地制宜打造产业布局，还要注重特色农产品品牌创建，发挥品牌的带动作用。最后，要在完善医疗服务的基础上，积极攻克特殊痼疾。深度贫困地区要注重提升贫困群众的身体素质，不断完善贫困人口的医疗服务，在此基础上，要针对深度贫困地区特殊的健康和医疗难题，出台特殊的医疗服务政策，为解决贫困人口的特殊健康难题提供有力保障。

总结与结论

距离 2020 年全面打赢脱贫攻坚战，全面建成小康社会的目标剩下最后的时间，脱贫攻坚战已经进入最后的冲刺阶段。通过有效帮扶，大部分贫困人口已经脱贫，剩下的贫困人口是贫中之贫、坚中之坚，是难啃的"硬骨头"。脱贫攻坚战的最后阶段，剩余贫困人口的贫困程度更深，贫困状态也更加复杂，其精神贫困问题更加突出，扶贫扶志工作的重要性也进一步凸显。要想打赢脱贫攻坚战，彻底消灭绝对贫困，就需要解决好精神贫困的问题，而精神贫困往往是长期历史发展的产物，需要持续推进扶贫扶志工作，方能逐步取得成效。

结合脱贫攻坚战以来的实践经验，扶贫扶志是贫困地区和贫困人口实现高质量脱贫、稳定脱贫、规避返贫并逐步走向共同富裕之路不可或缺的工作。扶贫扶志是一项系统性工程，需要通过多种方式充分激发贫困群众内生动力，增强其自我发展、主动脱贫的意愿和能力。只有持续推进扶贫扶志，才能使贫困地区和贫困人口长效稳定脱贫，树牢脱贫致富的信心，最终脱贫不返贫。通过总结十个扶贫扶志典型案例，可以形成一些具有普遍性和可复制性的经验与结论：做好扶贫扶志工作既要立足于当前发展，促进短期增收，又要着眼于长远，构建长效机制，筑牢脱贫奔小康的精神基础，塑造自我发展的动力与能力；既要综合施策提高扶志成效，又要针对不同情况因类扶志。而最根本的扶志之道在于通过教育彻底转变贫困家庭子女的思想观念，成功阻断贫困代际传递。

一、聚焦"两业"发展，实现可持续生计

打赢脱贫攻坚战，做好扶贫扶志工作最基础的是要实现贫困人口可持续增收。一方面，要根据各地实际情况，发展适宜的脱贫产业，建立脱贫奔康产业园等为贫困人口提供产业发展的机会，通过建立有效的产业发展风险防控机制解决贫困群众后顾之忧，大力发展产业从而实现增收；另一方面，针对有一定劳动能力但是不便外出务工或者劳动能力较弱的贫困人口，通过设立"扶贫车间"、开发扶贫公益岗位等多种方式创造合适的就业岗位，使其获得稳定收入来源，做到"赚钱顾家两不误"。许多贫困地区由于自然环境和地理区位条件处于劣势，缺少产业发展和就业的机会，导致贫困人口增收有心无力。通过发展脱贫产业，可以带动贫困人口参与到产业发展工作中，既增加收入又提高产业发展的本领，切实获得产业发展带来的现实利益，有利于激发贫困群众的主动发展热情。对于没有产业发展能力但有劳动能力的贫困群众，通过获得就业机会实现劳动增收，既培养了多劳多得的意识，又在就业过程中把大量时间用于劳动，改变原来无所事事又无所作为，天天等着国家来帮扶的局面，有利于促进乡村社会的文明风尚。产业和就业是扶贫扶志工作的基础，通过科学制定和有效执行相关政策举措，贫困人口获得了看得见摸得着的利益，感知到依靠自己勤劳双手创造财富、摆脱贫困的可能性，也增强了主动发展、增收致富的信心和动力，形成主动脱贫、自我脱贫的氛围，为告别绝对贫困、实现精准脱贫目标打下坚实基础。

二、赋能贫困人口，应对能力贫困难题

打赢脱贫攻坚战，做好扶贫扶志工作最关键的是要提升贫困人口的发展能力和发展动力。促进贫困人口增收，实现贫困人口脱贫的最大障碍是能力不足和信心不足。当前，扶贫扶志面临的最大挑战在于贫困人口"不会干""不敢干"，这大大增加了脱贫的难度，成为如期实现脱贫目标最大的"拦路虎"。为解决长期以来困扰贫困地区的"造血"能力弱、内生动力不足问题，就需要对贫困群众和扶贫干部进一步赋能。贫困群众既是脱贫对象，更是脱贫主体，不能等着国家来"送小康"。一方面要加强技能培训，对有劳动能力的贫困群众开展实用劳动技能培训，提高个人综合素质，为不同贫困群众提供可选择的多种技能培训机会，让在家劳动的贫困群众能够科学种养、发展产业，外出务工群众增强就业竞争力。另一方面加强扶贫政策宣讲，让广大人民群众对扶贫政策了然于心，保证现行标准下的脱贫质量，既不吊高胃口，也不降低标准。积极宣讲身边脱贫典型人物，通过身边人身边事鼓励贫困群众树立脱贫信心、强化脱贫主观需求，培育脱贫光荣的乡村文化氛围。对严重缺乏脱贫动力者充分利用乡村社会的特点，依靠邻里、亲友等多方"舆论压力"，促使其扭转思想观念，主动回到努力脱贫的正轨。

扶贫扶志工作中不仅贫困户要扶志，扶贫干部同样也需要扶志。由于脱贫攻坚越往后，脱贫难度越大，挑战越多，对扶贫干部的要求也越高。部分扶贫干部在脱贫攻坚最紧要的关头丧失斗志、丧失信心，甚至出现厌战情绪，严重影响了脱贫攻坚工作。在最后的冲刺阶段亟须加强对扶贫干部的培训，从端正思想认识、提升工作本领各方面进

行针对性培训，树牢打赢脱贫攻坚战的必胜决心，在扶贫攻坚第一线不断增长本领，更好地为民服务。通过能力提升和信心培育，对贫困群众和扶贫干部赋能，在脱贫攻坚冲刺阶段不断增强打硬仗的能力，实现干部群众两方面综合素质的全面提升，这是确保如期完成脱贫目标的关键。

三、考量多维贫困，推进整体性治理

打赢脱贫攻坚战，做好扶贫扶志工作最重要的手段是要综合施策，实现全面扶志。精准扶贫工作开展到现在，能够通过物质手段脱贫的大多已经实现脱贫，剩下的都是贫困面更广、贫困程度更深，物质贫困、精神贫困和文化贫困等复杂交织的深度贫困，其贫困是多种因素共同作用的结果，靠单一手段无法有效解决贫困问题。因此，既要改进基础设施等"看得见的贫困"，也要多渠道解决思想观念等"看不见的贫困"。首先，要在继续加大物质投入的同时改进帮扶方式，改变简单给钱给物、包办等方式，杜绝"保姆"式扶贫，杜绝政策"养懒汉"。其次，要通过基层社会组织等多种渠道帮助贫困群众积极融入社会生活，让建档立卡贫困户与非贫困户在日常生活中平等交往，树立文明乡风，创造和睦邻里关系，逐步改变贫困群众的自卑心态，帮助其重塑生活信心和个人尊严。最后，要对脱贫态度消极，不肯努力奋斗、只愿坐享扶贫成果的贫困户建立适当的惩戒机制，决不让不肯付出的"懒人"钻空子，寒了帮扶干部和主动脱贫群众的心。总之，扶贫不仅是干部的事，也不仅仅是贫困人口个人的事，既要防止将扶贫对象污名化、隔离化，又要防止将扶贫对象过度地保护化、特殊化。同时，要加大对扶贫干部的关心支持力度，在脱贫攻坚一线做得好的干部要进行相应的奖励，而对于不认真履职尽责，不真心实意扶贫的帮扶干部也要给予严厉惩罚。在距离2020年全面打赢脱贫攻坚战所剩不多的时间里，必须综合施策，通过一整套奖优罚劣的扶贫扶志机制，激发扶贫干部和贫困群众脱贫内生动力，摒弃消极懈怠思想，保持信心，踏踏实实走好每一步脱贫路，如期顺利实现精准脱贫目标。

四、凸显贫困人口主体性，实施类型化治理

打赢脱贫攻坚战，做好扶贫扶志工作基本要求是因类扶志。脱贫攻坚越往后，贫困人口数量越少，剩余贫困人口分散在不同地方，各地剩余贫困人口数量有限，因此需要因类扶志。这些分散在不同区域的贫困人口有的是没有劳动能力的残疾人，有的是子女过世无人照料的老人，还有的是因病因学致贫的人。针对不同地区的剩余贫困人口数量有限，但致贫原因各不相同的情况，应考虑跨区域地按照贫困人口的类别制定相应的帮扶措施。

针对不同类型的贫困人口，用更加有针对性和实效性的扶贫扶志手段推进脱贫攻坚。首先，因类扶志要求掌握不同贫困人口最直接最现实的帮扶需求，充分调动其积极性，发挥贫困群众主体作用，实现帮扶效果最大化。其次，针对部分丧失劳动能力的贫困群众，需要做好兜底保障工作，并进行必要的心理疏导和人文关怀，使其重塑生活信心，看到生活的希望，坚强乐观地生活。最后，对于深度贫困区要继续强化因地施策，确保帮扶措施契合地方需求，让帮扶措施发挥实实在在的效用，激发区域发展的信心和动力。

五、消解贫困文化，阻断贫困代际传递

打赢脱贫攻坚战，做好扶贫扶志工作最根本的出路在于教育扶志。扶贫需扶志，扶贫必扶智。教育扶贫是破解贫困问题的治本之策，也是最有效的精准扶贫方式之一。贫困地区教育短板在很大程度上造成贫困地区人才资源匮乏，进而导致贫困代际传递。补齐教育短板是夯实贫困人口内生动力的根本。只有通过大力发展教育，使贫困地区和贫困家庭的孩子受到公平的教育，获得与祖国同发展、与时代共进步的平等机会，才能避免"扶完上一代，再扶下一代"的恶性循环。首先，要大力推进义务教育均衡发展，进一步推动义务教育阶段教育资源均衡配置，提升农村中小学特别是贫困地区的教学质量。其次，是要进一步完善职业教育，提升劳动力综合素质和就业竞争力，让年轻一代拥有足够多适应市场需求的劳动技能，能够通过自己努力获得更多更好的发展机会。最后，巩固和加强全面覆盖的贫困学生教育资助政策，确保不让任何一个贫困家庭的孩子因贫辍学。

必须充分利用好教育这个阻断贫困代际传递的治本之策，通过教育水平的提高，引导贫困地区青少年树立正确的人生观、价值观，增强其发展能力，拓宽发展渠道，提高成长成才机会，彻底告别不利于脱贫奔康的陈旧思想观念，培养积极向上、依靠勤劳双手创造幸福生活的意识。只有大力发展教育，从思想认识上彻底消除产生贫困文化的根源，才是实现扶贫扶志目标，长效稳定脱贫的根本之策。

参考文献

理论篇

习近平：《摆脱贫困》，福建人民出版社 2014 年版。

习近平：《之江新语》，浙江人民出版社 2007 年版。

国务院扶贫办政策法规司、国务院扶贫办全国扶贫宣传教育中心组织编写：《人类减贫史上的奇迹——中国扶贫改革 40 周年论文集》，研究出版社 2019 年版。

黄承伟、刘欣、周晶：《鉴往知来：十八世纪以来国际贫困与反贫困理论评述》，广西人民出版社 2017 年版。

黄承伟：《中国扶贫行动》，五洲传播出版社 2014 年版。

刘奇：《贫困不是穷人的错》，生活·读书·新知三联书店 2015 年版。

辛秋水、吴理财：《文化贫困与贫困文化》，陕西人民教育出版社 2003 年版。

徐勇主编：《反贫困在行动：中国农村扶贫调查与实践》，中国社会科学出版社 2015 年版。

张帆：《现代性语境中的贫困与反贫困》，人民出版社 2009 年版。

张有春：《贫困、发展与文化：一个农村扶贫规划项目的人类学考察》，民族出版社 2014 年版。

中共中央党史和文献研究院编：《习近平扶贫论述摘编》，中央文献出版社 2018 年版。

中共中央宣传部宣传教育局、国务院扶贫办全国扶贫宣传教育中心组织编写：《新时代农村思想政治工作创新案例选编》，人民出版社 2019 年版。

安素霞、侯常兴：《社会工作破解"扶贫难扶志"困境的路径分析》，《邢台学院学报》2018 年第 1 期。

曹艳春、侯万锋：《新时代精神扶贫的现实困境与路径选择》，《甘肃社会科学版》2018 年第 6 期。

陈心颖：《脱贫动力培育与扶志、扶智的协同》，《改革》2017 年第 12 期。

陈依元：《论贫困地区农民的精神"脱贫"》，《衡阳师专学报（社会科学版）》1990年第1期。

陈永胜：《以深入开展"精神扶贫"为抓手打造甘肃精准扶贫2.0升级版》，《社科纵横》2017年第9期。

成兆文：《精神扶贫是精准扶贫的应有之义》，《社科纵横》2017年第9期。

程肇基：《精神扶贫：一个亟待关注的精准扶贫新领域》，《江西社会科学》2016年第11期。

高圆圆、范绍丰：《西部民族地区农村贫困人口精神贫困探析》，《中南民族大学学报（人文社会科学版）》2017年第6期。

杭承政、胡鞍钢：《"精神贫困"现象的实质是个体失灵——来自行为科学的视角》，《国家行政学院学报》2017年第4期。

侯志茹、郭玉鑫、吴本健：《行为经济学视角下贫困户内生动力不足的内在逻辑》，《东北师大学报（哲学社会科学版）》2019年第1期。

胡鞍钢、李春波：《新世纪的新贫困：知识贫困》，《中国社会科学》2001年第3期。

黄承伟：《深化精准扶贫的路径选择——学习贯彻习近平总书记近期关于脱贫攻坚的重要论述》，《南京农业大学学报（社会科学版）》2017年第4期。

黄颖：《摆脱"精神的贫困"——新时期贫困者精神脱贫的思考》，《法制与社会》2012年第33期。

江立华、肖慧敏：《心理健康与精准扶贫：激发脱贫内生动力的新途径》，《湖北民族学院学报（哲学社会科学版）》2018年第5期。

姜晓辉：《对贫困大学生"精神脱贫"的一点思考》，《牡丹江师范学院学报（哲学社会科学版）》2009年第6期。

李海金、贺青梅：《改革开放以来中国扶贫脱贫的历史进展与发展趋向》，《中共党史研究》2018年第8期。

李文钢：《贫困文化论的误用与滥用》，《中国农业大学学报（社会科学版）》2018年第5期。

李小云、许汉泽：《2020年后扶贫工作的若干思考》，《国家行政学院学报》2018年第1期。

李莹莹、赵艳霞、尹景瑞：《贫困户内生动力的深度挖掘与持续作用研究》，《华北理工大学学报（社会科学版）》2018年第6期。

刘贵祥、王小宁：《论"精神扶贫"三部曲》，《社科纵横》2017年第9期。

刘合光：《精准扶贫与扶志、扶智的关联》，《改革》2017年第12期。

柳礼泉、杨葵：《精神贫困：贫困群众内生动力的缺失与重塑》，《湖湘论坛》2019年第1期。

陆汉文、杨永伟：《发展视角下的个体主体性和组织主体性：精准脱贫的重要议题》，《学习与探索》2017年第3期。

陆汉文：《激发贫困人口内生发展动力》，《中国社会科学报》2017年12月15日第5版。

罗浩波：《欠发达地区精神贫困问题的理性思考——以陕西西部欠发达县区为例》，《宝鸡文理学院学报（社会科学版）》2005年第6期。

马进、王瑞萍：《以唯物辩证法指导精神扶贫》，《社科纵横》2017年第9期。

孟海：《提高内生动力是实现高质量脱贫的关键》，《国家治理》2018年第38期。

莫光辉、张菁：《基于"人本主义"视角的贫困人口扶志扶智路径创新》，《中共中央党校学报》2018年第3期。

彭建涛：《精神扶贫：贫困人口的内生动力研究》，《清江论坛》2018年第2期。

唐钧：《精准扶贫需在"可持续"上狠下功夫》，《人民论坛》2017年第1期。

唐任伍：《"扶智""扶志"是精准脱贫的关键》，《中国人力资源社会保障》2018年第12期。

汪三贵：《以精准扶贫实现精准脱贫》，《中国国情国力》2016年第4期。

汪玉峰：《农村贫困治理背景下精神扶贫及其模式构建》，《社科纵横》2017年第9期。

王爱桂：《从精神贫困走向精神富裕》，《毛泽东邓小平理论研究》2018年第5期。

王尚银：《精神贫困初探》，《贵州民族学院学报（哲学社会科学版）》2000年第1期。

王学俭：《推进精神扶贫的路径选择》，《社科纵横》2017年第9期。

王宗礼：《精神扶贫：培育扶贫开发新动能》，《社科纵横》2017年第9期。

韦国善：《当今农村贫困大学生精神贫困现象的探析》，《湖北经济学院学报（人文社会科学版）》2009年第3期。

魏立平：《精神扶贫的内在学理与实现方式探讨》，《社科纵横》2017年第9期。

辛秋水：《文化扶贫的发展过程和历史价值》，《福建论坛（人文社会科学版）》2010年第3期。
徐勇：《激发脱贫攻坚的内生动力》，《人民日报》2016年1月11日第7版。
薛刚：《精准扶贫中贫困群众内生动力的作用及其激发对策》，《行政管理改革》2018年第7期。
杨建晓：《贫困地区的精神贫困与精神脱贫思路探析》，《安顺学院学报》2017年第1期。
杨云峰：《欠发达地区的精神贫困探析》，《宁夏大学学报（人文社会科学版）》2003年第2期。
雍支康：《脱贫对象精神贫困成因及对策》，《中国乡村发现》2018年第2期。
余德华、麻朝晖：《欠发达地区的精神贫困与精神脱贫思路探析》，《社会科学》2001年第2期。
余德华：《精神贫困对欠发达地区脱贫的影响》，《贵州社会科学》2003年第1期。
余德华：《论精神贫困》，《哲学研究》2002年第12期。
张蓓：《以扶志、扶智推进精准扶贫的内生动力与实践路径》，《改革》2017年第12期。
张慧娟：《培养"公共精神"摆脱"精神贫困"》，《人民论坛》2018年第11期。
张琦、刘欣：《加强"精神扶贫"助推脱贫攻坚质量提升》，《国家治理》2018年第5期。
张玉平、罗素莹、田胜：《农村精神贫困调查：现状、成因及其消除》，《学习月刊》2017年第4期。
张玉平、骆素莹、田胜：《在精准扶贫视阈下农村精神贫困问题的调查研究》，《农村经济与科技》2017年第7期。
张志胜、崔执树：《习近平精神扶贫思想的基本内涵与时代意蕴》，《内蒙古大学学报（哲学社会科学版）》2018年第4期。
张志胜：《精准扶贫领域贫困农民主体性的缺失与重塑——基于精神扶贫视角》，《西北农林科技大学学报（社会科学版）》2018年第3期。
赵秀华：《论"精神扶贫"的知行渊源及本质内涵》，《福建行政学院学报》2016年第6期。
甄喜善：《分层推进精神扶贫》，《社科纵横》2017年第9期。
周怡：《贫困研究：结构解释与文化解释的对垒》，《社会学研究》2002年第3期。
朱华晔：《"精神贫困"的概念辨析》，《经济研究导刊》2011年第28期。

左停、金菁、于乐荣:《内生动力、益贫市场与政策保障:打好脱贫攻坚战实现"真脱贫"的路径框架》,《苏州大学学报(哲学社会科学版)》2018年第5期。

《中共中央、国务院关于打赢脱贫攻坚战三年行动的指导意见》,《人民日报》2018年8月20日。

《中共中央、国务院关于打赢脱贫攻坚战的决定》,《中华人民共和国国务院公报》2015年第35期。

《国务院关于印发"十三五"脱贫攻坚规划的通知》,《中华人民共和国国务院公报》2016年第35期。

国务院扶贫开发领导小组办公室:《关于开展扶贫扶志行动的意见》,http://www.cpad.gov.cn/art/2018/11/19/art_46_91266.html。

实践篇

程肇基:《精神扶贫:一个亟待关注的精准扶贫新领域》,《江西社会科学》2016年第11期。

张蓓:《以扶志、扶智推进精准扶贫的内生动力与实践路径》,《改革》2017年第12期。

王宏甲:《我所认识的新时代农民讲习所的意义——在贵州省新时代农民(市民)讲习所现场观摩研讨会上的发言》,《毕节日报》2018年7月9日第2版。

周建琨:《办好新时代的农民讲习所》,《党建》2017年第12期。

刘奇:《赋予新时代农民(市民)讲习所新内涵》,《时事报告》2018年第5期。

王晓樱、赵明昊:《海南电视夜校助贫困群众精准"拔穷根"》,《光明日报》2018年4月20日第16版。

陈伟光、丁汀:《海南扶贫先扶志与智——脱贫致富电视夜校效果好》,《人民日报》2017年1月8日第1版。

陈伟光、丁汀:《海南办起脱贫致富电视夜校 变"要我脱贫"为"我要脱贫"》,《人民日报》2017年1月8日第4版。

罗江、吴茂辉:《海南:脱贫夜校"搭桥"十九大精神"进村"》,《新华社》2017年11月15日。

王晓樱、王佳：《海南电视夜校：从富"脑袋"到富"口袋"》，《光明日报》2017年2月16日第7版。

张津津：《海南省脱贫致富电视夜校开办一周年成效纪实》，中国扶贫网，www.cnfpzz.com。

刘伟：《海南龙华区：脱贫致富电视夜校，扶贫先扶智，夜校授知识》，中新网，http://www.hi.chinanews.com/hnnew/2017-01-15/432036.html。

《海南省脱贫致富电视夜校广受赞誉》，海南省人民政府网，http://www.hainan.gov.cn/hn/yw/jrhn/201707/t20170715_2370975.html。

《扶贫先扶志　脱贫必扶智——我省创办脱贫致富电视夜校，开展"961017"服务热线》，海南省扶贫办，http://fpb.hainan.gov.cn/ztzl/fpdx/201707/t20170717_2371452.html。

李小云、许汉泽：《2020年后扶贫工作的若干思考》，《国家行政学院学报》2018年第1期。

陆汉文：《激发贫困人口内生发展动力》，《中国社会科学报》2017年12月15日第5版。

徐勇：《激发脱贫攻坚的内生动力》，《人民日报》2016年1月11日第7版。

侯冲：《"歇帮"按下暂停键》，《四川日报》2017年8月8日第12版。

罗之飏：《柑㧟村的"歇帮"制》，《四川日报》2017年4月21日第5版。

梁小琴：《宜宾市屏山县："歇帮"歇出主动脱贫》，《人民日报》2017年9月5日第11版。

曾忠：《屏山县按下扶贫"暂停键"以"歇帮"机制　激发贫困户内生动力》，《华西都市报》2017年8月11日第3版。

辛秋水、吴理财：《文化贫困与贫困文化》，陕西人民教育出版社2003年版。

徐勇：《激发脱贫攻坚的内生动力》，《人民日报》2016年1月11日。

李小云、许汉泽：《2020年后扶贫工作的若干思考》，《国家行政学院学报》2018年第1期。

杭承政、胡鞍钢：《"精神贫困"现象的实质是个体失灵——来自行为科学的视角》，《国家行政学院学报》2017年第4期。

高圆圆、范绍丰：《西部民族地区农村贫困人口精神贫困探析》，《中南民族大学学报（人文社会科学版）》2017年第6期。

余德华：《论精神贫困》，《哲学研究》2002年第12期。

余德华、麻朝晖:《欠发达地区的精神贫困与精神脱贫思路探析》,《社会科学》2001年第2期。

路万荣:《红旗渠畔的民生华章——我市2017年度脱贫攻坚工作圆满收官》,红旗渠网,http://www.linzhou.gov.cn/sitegroup/root/html/ff8080814486e89f0144950c45400114/322bf92661164bd2bf4c4fd0c0a4502c.html。

石亚霏:《荒庙村的扶贫进行时》,安阳市扶贫开发办公室,http://www.anyang.gov.cn/sitegroup/fpb/html/ff8080812f99e5bf012fba5a93c62b88/20160620160193391.html。

王军:《以红旗渠精神为动力加快建设新时代富美林州幸福家园》,红旗渠网,http://www.linzhou.gov.cn/sitegroup/root/html/ff8080814486e89f0144950c45400114/8470ceeddd0f41759acdbf2bde21f070.html。

《红旗渠精神成为全市贫困群众脱贫致富的动力之源》,红旗渠网,http://www.linzhou.gov.cn/sitegroup/root/html/ff8080814486e89f0144950c45400114/7278ea5c25f14a7b8321772283dd5550.html。

林坚指:《林州市"五个强化"激发贫困群众内生动力》,红旗渠网,http://www.linzhou.gov.cn/sitegroup/root/html/ff8080814486e89f01449511c1b2012c/331025b6ab9848feafb1d85f55b9b98f.html。

杨倩:《因地制宜走好精准扶贫路》,新华网,http://www.ha.xinhuanet.com/news/20161024/3499727_c.html。

李振、陈栋梁:《传承弘扬红旗渠精神 坚决打赢脱贫攻坚战》,《河南日报》2016年11月1日第19版。

《林州市2017年政府工作报告》,林州市人民政府,http://www.linzhou.gov.cn/sitegroup/root/html/8a8a8a815b9e307f015c384ac7736b67/034c2e5e36ab43fd8f71de6edd0aed94.html。

《林州市2018年政府工作报告》,林州市人民政府,http://www.linzhou.gov.cn/sitegroup/root/html/8a8a8a815b9e307f015c384ac7736b67/6b8edb44a5b540169f8522a956cc1349.html。

《尽锐出战,决胜小康——我市2018年脱贫攻坚工作综述》,林州市人民政府,http://www.linzhou.gov.cn/sitegroup/root/html/ff80808144d03a9e0144fd55065946ec/ebcdab67a4ff4443b8

25d9f9b3fc58a9.html。

丁兆平、陈文兵、刘明等:《宿迁:支部建到互联网上　党旗飘扬在网店里》,《新华日报》2017年3月30日第6版。

赵香、张云:《宿迁26万低收入人口吃上"互联网+"增收饭》,《宿迁日报》2017年12月23日第A01版。

武蕾:《"支部+电商"加出富民新动力》,《宿迁日报》2017年12月4日第A01版。

徐明泽:《支部+电商,党建富民新路径》,《新华日报》2016年5月26日第11版。

彭红等:《党建强　百姓富　江苏宿迁"支部+电商"引领奔小康》,新华社,2018年4月11日。

张行:《江苏省宿迁市:"支部+电子商务"党建富民》,人民网-中国共产党新闻网党建版,2016年4月25日。

《江苏宿迁:以"支部+电商"为抓手加出党建强百姓富新路子》,人民网-中国共产党新闻网党建版,2015年11月26日。

江苏宿迁市委组织部:《江苏宿迁:"支部+电商"促脱贫攻坚》,人民网-中国共产党新闻网党建版,2016年10月31日。

吴兆刚、姜东汶:《宿迁:"支部+电商"趟出党建富民新路径》,西楚网,2017年7月3日。